课读经典 ⑨

7 讲导读

《论语》

LUNYU

何郁 / 主编

复旦大学出版社

主　编

何　郁

编　者

朱来青　何　郁

要趁年轻时啃几部经典
——"课读经典"系列丛书序

戴建业

"屁股下要坐几本书"是曹慕樊师对弟子的告诫。他强调一个人要趁年轻时啃几部经典,这几部经典今后会成为其看家本领,一生都将受用无穷。

去年"世界读书日"前一天,《光明日报》刊发了拙文《阅读习惯与人生未来》。在这篇文章中,我谈到经典阅读常常是挑战性阅读。我把阅读分为消遣性阅读、鉴赏性阅读和挑战性阅读。消遣性阅读就是上网看看明星八卦、海外奇谈,好像无所不看,其实一无所看,不过是打发无聊的时光。下班之后,工作之余,看看文字优美的游记,听听悦耳动人的音乐,翻翻赏心悦目的画册,既能让身心放松,又能陶冶情操,还能获得各种知识,这就是鉴赏性阅读。挑战性阅读就是阅读经典,经典是经过时间淘汰留下来的作品,它们都是人类智慧的结晶。要想挑战自己的智力极限,要想攀登灵魂的珠穆朗玛峰,最佳选择就是挑战性阅读,去阅读那些伟大的经典,去与智者进行精神交流。

在快节奏的时代,人们不仅匆匆忙忙吃快餐食物,也同样匆匆忙忙地品尝精神快餐;不仅中小学生只读节选"名篇",大学生也只读教材上的"名篇"。我甚至遇到一位研究杜甫接受史的博士,他竟然没有通读过任何一种杜诗注本。如果只读课本上的几首杜诗,你对杜诗可能一无所得,连浅尝辄止也谈不上。明人王世贞在《艺苑卮言》中说:"十首以前,少陵较难入。

百首以后，青莲较易厌。"读李白诗百首以后"易厌"，纯属他个人的奇怪感受，但读杜甫诗歌十首以前"难入"，倒是道出了实情。读少数节选名篇"难入"，是阅读经典名著的普遍现象。如果读文学名著，只读几篇或几首名文名诗，便难以走进作家的精神世界，难以把握原著的艺术特征；如果读哲学、历史、经济等学术名著，只读几篇节选段落，那肯定不能了解原著的框架结构，不能明白作者的基本思路和逻辑论证。

读一部经典，不仅要知道经典"说了什么"，还要知道作者是"怎么说的"，有时候后者比前者更重要。只知道"说了什么"，而不知道"怎么说的"，那就像俗话说的那样："知其然而不知其所以然""只知其一而不知其二"。这种学习方式，在聚会时夸夸其谈、对别人炫耀博学尚可，但对自己的思维、想象和写作不会有什么帮助。

五六年前，就"死活读不下去的书"这一话题，一家出版社在网上做过一次问卷调查，统计的结果让所有人大吃一惊。在"死活读不下去"的经典名著中，中国四大古典小说赫然在列，其中《红楼梦》竟然高居榜首，而四部名著中数它的艺术成就最高，也数它被公众吐槽最多。这倒印证了一位西方作家的"昏话"——所谓"经典著作"就是大家都说好，但大家都不读的那些书籍。

谁都知道经典中有无数宝藏，可经典常常"大门紧闭"，大家苦于不得其门而入，不知如何在经典中探宝，如何让经典"芝麻开门"。由于时代的隔阂、情感的隔膜、知识修养的不足、审美趣味的差异，加上时间的紧迫和心境的浮躁，对如今许多中小学生来说，经典简直就是"天书"。

怎样给中小学生打开经典宝藏的大门？

复旦大学出版社的"课读经典"系列丛书，就是一把打开经典宝藏的万能钥匙。

"课读经典"系列丛书中谈到的"经典"，大都是语文教材中涉及的经典作家和经典作品，或只"课读"一部经典作品，如《课读经典1：11讲精读〈世说新语〉》；或"课读"经典作家及其代表作，如《课读经典5：5课精读契诃夫》。

顾名思义，"课读经典"系列丛书主要面向中小学生，语言像课堂口语那样亲切易懂，一翻开"课读"，就像老师亲临课堂，传授学生自学经典的门径，示范阅读经典的方法。只要让学生初尝了经典的"滋味"，他们就会终生爱上经典；一旦先生把他们"领进了门"，学生自然会"各自去修行"。教师在传授学生自学经典诀窍的同时，也激起了他们自学经典的热情。孔子早就说过："知之者不如好之者，好之者不如乐之者。"（《论语·雍也篇》）学生一旦真正喜欢上了经典，他们一生就离不开经典。

许多学生和家长心里会犯嘀咕：政府和教育界的"整本书阅读"计划，初衷当然非常好，但结果不一定妙。花那么多时间在整本阅读经典上，影响考试成绩怎么办？

"课读经典"系列丛书的编者，早就考虑到了这个问题。在对经典的"课读"之外，还截取了若干代表性章节与片段，模拟现行阅读考试的方式，设计了阅读思考题，让沉浸式的经典阅读与注重文本阅读的考试无缝对接。这也让学生养成开卷动笔的好习惯，读经典原著务必要做笔记，学生时代还应该做习题。做笔记和习题的目的，是加深对经典的理解和记忆。

想想看，假如具备了对经典的"穿透力"，同学们以此来应付考试简直就是"降维打击"——思维能力提高了，阅读能力提高了，写作能力提高了，考分自然也就升上去了。一个百米赛跑冠军，还担心他不会走路？

乐为序。

2021年5月1日

目录

思想篇　仰之弥高,钻之弥坚

方法篇　熟读精思,钩玄提要

人物篇

非常师生，非常有趣

第一讲

夫子，即凡而圣

第一课
孔子的"前世今生"

一、览夫子生平

孔子的一生大致可分为五个阶段。

1. **阶段一（30 岁前）：少而孤贫，好学自立**

公元前 551 年夏历八月二十七日（阳历 9 月 28 日），孔子出生在鲁国陬邑。他的父母曾于尼丘山祷告才诞下孔子，孔子又生而头顶下凹，故为其取名丘，字仲尼。

孔子幼年失怙，3 岁时父亲就去世了，17 岁时母亲也离开了他。由于无法确知父亲坟墓所在，孔子在母亲死后暂时将其殡于鲁城街道五父衢的路旁，经人指点父亲墓地所在后才将父母合葬一处。通过这一行为，可见孔子处事之谨慎、聪慧，亦可见其行事之合乎礼。孔子自幼爱礼，相传他"为儿嬉戏，常陈俎豆，设礼容"，这种发自内心的喜爱为他日后恢复周礼的宏愿打下了基础。

孔子曾说："吾少也贱，故多能鄙事。"由于父亲早逝，孔子的早年生活可谓贫苦而低贱，这样的生活淬炼了他的坚毅品质，也造就了他的博学多能。当然，物质条件只是造就这一切的外因，好学的态度才是真正成就他的内因。孔子曾有"吾十有五而志于学"和"十室之邑，必有忠信如丘者焉，不如丘之好学也"的自我评价，弟子子贡曾用"夫子焉不学？而亦何常师之有？"来评价他的老师。《史记·孔子世家》中记载了孔子向

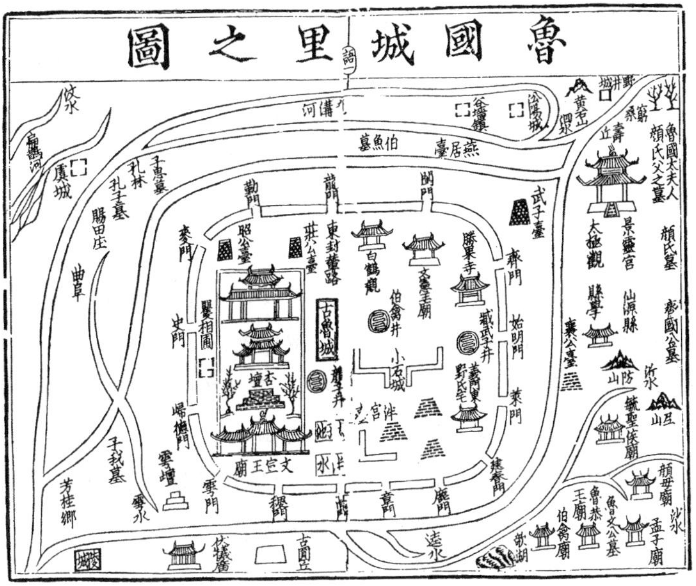

圖之里城國魯

● 图1-1 鲁国城里之图

郯子学古代官制、向师襄学琴、向老子学礼等事件。

19岁时，孔子娶了宋国的亓官氏之女为妻，次年生子，由于"鲁昭公以鲤鱼赐孔子"，孔子给儿子取名鲤，字伯鱼。少而孤贫的孔子能受昭公如此器重，可见此时孔子已学而有成，足以自立。孔子说自己"三十而立"，正是好学的精神让他稳稳地"立"了起来。

2. 阶段二（30岁—50岁）：办学有成，涉政不顺

30岁左右，孔子开始兴办私学，打破了"学在官府"、贵族垄断教育的社会局面。他坚持以"有教无类"的原则设学授徒，"自行束脩以上"，"未尝无诲"，让普通百姓的孩子也能以极低的门槛、极少的"学费"获得接受教育、改变命运的机会。孔子的私学广受认可，连鲁国贵族孟僖子都在临死时叮嘱两个儿子向孔子学礼。[1]

35岁到37岁，发生了几件对孔子较有政治影响的事件。孔子35岁时，鲁国位高欺主的孟孙氏、叔孙氏、季孙氏三家世卿（因三家皆为鲁桓公后代，故统称"三桓"）共攻鲁昭公，昭公溃逃到齐国。也是在这一年，孔子到了齐国，留下了"在齐闻《韶》，三月不知肉味"的千古佳话，也留下了他与齐景公关于"君君，臣臣，父父，子子"的经典对话。齐景公准备以尼溪之田封孔子，但晏婴坚决反对，后来又有齐国大夫想要陷害孔子，齐景公本人也淡了要用孔子的意向，于是，37岁时孔子从齐国返回鲁国。

此后十年，史书中没有相关记载，或许孔子的大部分时间都在传道授业解惑吧。

孔子47岁时，鲁国权臣季桓子的家臣阳虎作乱，执季桓子，

---

1 《史记·孔子世家》认为此事发生于孔子17岁时，钱穆《论语新解》所附年表认为此事发生于孔子34岁时。

鲁国出现了"陪臣执国命"的局面。阳虎欲聘任孔子,孔子表面上以"吾将仕矣"佯装答应,但在阳虎当权之时,孔子并未出仕。

孔子50岁时,阳虎出奔齐国。季桓子的另一家臣公山弗扰以费邑为根据地反叛季氏,召请孔子,孔子"欲往"。如果不是弟子子路阻拦,孔子或许就要留下"政治污点"了。[1]

3. 阶段三(51岁—54岁):摄职从政,大放异彩

孔子51岁时,随着阳虎的出逃,鲁国"陪臣执国命"的政局终于结束,孔子开始出仕,担任中都宰(相当于今天的市长),政绩斐然,四方仿效。

52岁时,孔子由中都宰升为司空(相当于今天的水利部部长、住建部部长),接着又升为大司寇(相当于今天的司法部部长或政法委书记)并兼任宰相(相当于今天的国务院总理)之职。这一年发生了一件齐、鲁两国外交史上的大事——夹谷会盟。孔子凭借过人的智勇,帮助鲁国在处境不利的情况下取得了难得的外交胜利。

54岁时,孔子向鲁定公进言堕三都——拆除三桓在各自封地、采邑建的城堡,以期削弱三桓实力,维护国君权威。由于孟孙氏的极力阻挠,堕三都的计划未能全部完成,但也为维护君臣礼制提供了一定保证。

4. 阶段四(55岁—68岁):去国离乡,周游列国

孔子在外交和内政上的一番作为,一方面使鲁国的近邻齐国惴惴不安,生怕鲁国强而犯齐;另一方面则使鲁国权臣三桓

---

1 很多学者对此事真伪存疑。如果此事确真,或许可以这样理解:若打击阳虎、公山弗扰等反叛的"陪臣",就会助长三桓等权臣的势力,对鲁君不利;而打击三桓,则可能助长阳虎、公山弗扰等"陪臣"的势力,对鲁君亦不利。孔子一心想要维护鲁君,改变三桓位高欺主的局面,但他其实也很犹豫,因为支持陪臣背叛主君也不符合礼法,故而子路一劝,孔子也就打消了这一念头。

疏远甚至敌视孔子。这一切使孔子"内外交困",为孔子去国离乡、周游列国埋下了伏笔。

孔子55岁时,惧怕鲁国强盛的齐国献香车美女于鲁,鲁国国君与权臣皆沉迷其中。孔子见国事无望,不得已离开鲁国,开始了长达14年的周游列国的旅程。

孔子第一站去了卫国,国君卫灵公给孔子"奉粟六万"(与孔子在鲁国时一样的高薪)。然而十个月后,未及在卫施展抱负,因有人潜害,56岁的孔子便不得不离开了卫国。

孔子在卫没有从政机会,而卫国西边的晋国则向孔子递来了"橄榄枝"。晋国范氏和中行氏的家臣佛肸欲以中牟为据点发起反叛,召见孔子,孔子欲往,幸亏弟子子路又一次阻拦,孔子才没有成行。[1]

离开卫国后,孔子向南前往陈国,路过匡地。由于七年前阳虎曾领兵攻打匡地,而孔子"状类阳虎",匡人误把孔子当成了阳虎,拘禁了孔子。生死关头,孔子临危不惧,发出了"天之未丧斯文也,匡人其如予何"的慷慨陈词。他灵活应变,安排随行弟子到卫国臣子宁武子那里做家臣,化解了这次危机。

孔子好不容易逃离匡城到了蒲地,又碰上公叔戌据蒲而叛,西行再次受阻。幸亏弟子公良孺拼死力战,师生一行人才死里逃生,躲过一险,返回了卫国。

孔子离开卫国的几个月中,卫国发生了一场内乱:卫灵公的宠姬南子与美男子宋朝有染,太子蒯聩因此欲杀南子,被卫灵公驱逐出境,埋下卫国内乱的祸根。南子久闻孔子大名,几次召请孔子,"孔子辞谢,不得已而见之"。虽说见面甚合礼节,还是惹得弟子子路不悦,及至孔子指天盟誓,子路才善罢甘休。

---

1 一说此事发生于孔子65岁重返卫国不受重用之时。

这一次，孔子在卫国当了几年官。某天，卫灵公与南子同车行于前，让孔子乘车行于后，招摇过市，孔子"丑之"，发出了"吾未见好德如好色者也"的慨叹。再加上卫灵公好战，孔子反战，二人见解相左，扞格不入，孔子在60岁时再次离开了卫国。

在由曹至宋的路上，孔子遇到了想杀他的宋国司马桓魋。在郑国，孔子与弟子相失，惶惶如丧家之犬。这一路，孔子一行人经曹国、宋国、郑国，到了陈国，可谓坎坷仓皇。孔子在陈国做了三年官，在63岁时离开了陈国。

离开陈国，孔子欲往楚国。蔡国是由陈赴楚的必经之地，由于战乱，陈、蔡之间人烟稀少，孔子师徒绝粮于此，"从者病，莫能兴"。多亏弟子子贡出使楚国，楚昭王派军队迎送孔子，才免去了这场灾祸。楚昭王想"以书社地七百里封孔子"，令尹子西以孔子师徒兼具将才王佐之能、有取楚而代之的危险为由，阻止了孔子在楚为官。而孔子要面对的，不只是仕途的不顺，还有以长沮、桀溺、荷蓧丈人、楚狂接舆为代表的世人的不解乃至冷嘲热讽，处境相当艰难。雪上加霜的是，楚昭王在这年秋天与世长辞，孔子不得不离开楚国，再次动身。

64岁的孔子又回到了卫国，而此时的卫国政坛已经发生了惊天巨变。年老昏聩的卫灵公死后，由于太子蒯聩出逃在外，蒯聩的儿子卫辄继承了王位，是为卫出公。孔子回到卫国时，卫出公卫辄已在位三年，而他与父亲蒯聩争位的内乱一直未停。孔子一向主张伯夷、叔齐互让王位式的礼让，自然不赞成父子争位之举。因此，在卫国这几年，孔子注定不会有什么大的作为。

孔子在陈国时，鲁国权臣季桓子走到了生命的尽头。面对国家内外交困的处境，他后悔自己当年没有重用孔子，叮嘱儿子季康子在继任宰相之后一定要召回孔子。季康子害怕重蹈父亲与孔子不和之覆辙,召回的不是孔子,而是孔子政事科的得意门生冉有。孔子弟子子贡知道孔子思归,叮嘱冉有在受到重用后一定要把老师接回鲁国。终于,冉有等到了机会,在一次巨大的军事胜利之后,冉有说服季康子以重礼请回了孔子。于是,在阔别故土14年之后,68岁的孔子终于回到了鲁国这片他朝思暮想的土地。

5. 阶段五(69岁—73岁):修定典籍,叶落归根

回到鲁国后,孔子依然有心从政,而季康子只是将其作为国老、顾问,虽然时常问政、问策于孔子,但基本对孔子敬而不用——季氏计伐颛臾,孔子反对,反对未果;齐国逆臣弑君,孔子希望季氏讨伐他,主张无用;季氏搜刮民财,孔子劝他藏富于民,劝诫无效……更让孔子痛苦的是,季氏对百姓横征暴敛、对国君僭越违礼、对功臣大肆讨伐,而执行季氏政策者,恰是自己的得意门生冉有。为此,孔子甚至说冉有"非吾徒也,小子鸣鼓而攻之可也",将其逐出师门。

政事无力,孔子开始着手整理典籍。在人生的最后岁月里,他去除《诗经》之重,校正《诗经》之乐,编写《尚书》,写作《易传》《春秋》,厘定《礼经》《乐经》,为中华民族留下了光辉璀璨的文化遗产。

在最后的这段人生岁月里,孔子不断经受着白发人送黑发人的痛苦:69岁,独子孔鲤卒;71岁,爱徒颜回卒;72岁,爱徒子路死于卫国。至亲的相继辞世让这位风烛残年的老人备受打击,而"莫我知也夫"这种知音难觅、圣主难寻的孤独,"吾道穷矣"这种毕生追求难以实现、理想大厦彻底坍塌的绝望,更让他心境悲凉。孔子71岁时,鲁哀公西狩获麟,孔子发出了"凤鸟不至,河不出图,吾已矣夫"的悲音,绝笔《春秋》,或许他已不对这个世界再抱任何希望了。

公元前479年,73岁的孔子心力交瘁,疾病缠身,走到了生命的尽头。

二、评夫子形象

孔子是个什么样的人?答案可能众说纷纭,甚至大相径庭,誉之者谓之"智者""至圣",斥之者谓之"学究""迂叟"。或许,美国著名哲学家赫伯特·芬格莱特《孔子:即凡而圣》一书的标题是个较为中肯的答案。

1. 肉体凡胎,性情中人——凡人孔子

了解了孔子艰难玉成的人生经历后,我们不妨通过一些细节来更多地了解孔子。

《史记·孔子世家》第一段就说,孔子"生而首上圩顶",脑袋中间低四周高,像个盆地似的。据后人考证,孔子"唇露齿,眼露睛,鼻露孔,耳露窿,奇丑无比"。用今天的话来说,孔夫子的"颜值"实在堪忧。

脸长得不好看,身材如何呢?《史记·孔子世家》里讲,孔子周游列国的时候与弟子走散了,有人告诉子贡,有一个人疑似他的老师。

> 东门有人,其颡似尧,其项类皋陶,其肩类子产,然自要以下不及禹三寸,累累若丧家之狗。

额头像唐尧,脖子像皋陶,肩膀像子产,可是从腰以下比禹短了三寸,一副疲惫倒霉的样子,真像个失去主人的狗。总结一下,就是身材比例不住、气质神韵很差!

综上,我们就用颜值低、身材差、没气质来形容孔子这惊人

11

的长相吧。

当子贡把上面那段话"以实告孔子"时，孔子是怎么说的呢？他欣然笑曰："形状，末也。而谓似丧家之狗，然哉！然哉！"大意是说："一个人的面貌身材如何，那是不重要的。倒是他说我像只失去主人家的狗，说得还真在理儿！"在这里，我们看到了一个善于"自黑"的孔子，多么幽默，何其风趣！今天我们爱说"好看的皮囊千篇一律，有趣的灵魂万里挑一"，跟孔老夫子的"形状，末也"可谓一脉相承。

孔子十分风趣，动不动就会跟弟子们幽默一下，《论语·阳货篇》有这样一章：

> 子之武城，闻弦歌之声。夫子莞尔而笑，曰："割鸡焉用牛刀？"
>
> 子游对曰："昔者偃也闻诸夫子曰，'君子学道则爱人，小人学道则易使也'。"
>
> 子曰："二三子！偃之言是也。前言戏之耳。"（17.4）

弟子子游以礼乐教化小城百姓，孔子笑他用力过猛："杀个鸡而已，何必用上宰牛的刀呢？"待子游正色解释，孔子大力表扬了他，说自己只是开个小玩笑而已。

《论语·雍也篇》里有这样一章：

> 子见南子，子路不说。夫子矢之曰："予所否者，天厌之！天厌之！"（6.28）

南子是卫灵公的宠姬。卫灵公年老昏聩，对南子言听计从。南子手握大权，闻名一时。不过南子之"闻名"，很大程度上是恶名,因为她生活作风非常不好。就是这样一个人,反反复复要求见孔子,孔子会不会去呢?他去了。就为这事,孔子的大徒弟子路还把他这个当老师的"臭骂"一通,孔子情急之下就对天发誓证明自己的清白。孔子当时一定是满脸通红吧,那急于辩解的神态是不是还挺可爱呢?

孔老夫子这么幽默风趣、平易近人,学生犯错的时候,他生不生气、发不发火呢?且看《论语·公冶长篇》:

> 宰予昼寝。子曰:"朽木不可雕也,粪土之墙不可圬也。于予与何诛?"子曰:"始吾于人也,听其言而信其行;今吾于人也,听其言而观其行。于予与改是。"(5.10)

睡个午睡就要挨骂,是不是太不近情理了?结合当时的作息情况绘制一个宰予的日程表(表1-1)[1],看后你就明白了。

表1-1 宰予的日程表

时　　间	行　　为
06：00—07：00	起床
07：00—09：00	做饭
09：00—10：00	朝食
10：00—10：30	刷鼎
10：30—11：00	消食
11：00—14：00	昼寝

---

1 该日程表参考了微信公众号"章黄国学"《国学漫画〈孔子曰〉第1期:"朽木不可雕也"》的相关内容。

时　　间	行　　为
14：00—16：00	做饭
16：00—17：00	铺食
17：00—17：30	刷鼎
17：30—18：30	消食
19：00左右	睡觉

宰予昼寝，说明他这一天浑浑噩噩，啥也没干，实在太懒散懈怠了！而且从孔子"始吾于人也，听其言而信其行；今吾于人也，听其言而观其行。于予与改是"这句话，我们还可以推知，宰予还有言行不一、欺骗老师的嫌疑。由此可知，当弟子犯了原则性错误时，孔子骂起弟子来可是毫不含糊的。

《论语·乡党篇》记载了孔子对吃是有多么讲究。

　　食不厌精，脍不厌细。
　　食饐而餲，鱼馁而肉败，不食。色恶，不食。臭恶，不食。失饪，不食。不时，不食。割不正，不食。不得其酱，不食。
　　肉虽多，不使胜食气。
　　唯酒无量，不及乱。
　　沽酒市脯，不食。
　　不撤姜食，不多食。（10.8）

一般的吃货，是没有这么多讲究的。他们对食物的来源一概不问，所切的形状一概不问，烹饪的方法一概不问，添加的佐料一概不问，只求味美。孔子对吃则很讲究，精细是他吃的首要前提，他还有"八不食"的原则：陈旧变味的不吃，颜色不佳的不吃，气味不好的不吃，烹调不当的不吃，不新鲜、不合时令的不吃，不是按一定方法切割的不吃，调料放得不当的不吃，市场买来掺假的不吃。看看这样的标准，今天的吃货们是不是也自叹不如呢？

我们大家都熟悉下面两则：

> 子曰："贤哉，回也！一箪食，一瓢饮，在陋巷，人不堪其忧，回也不改其乐。贤哉，回也！"（6.11）

> 子曰："饭疏食饮水，曲肱而枕之，乐亦在其中矣。不义而富且贵，于我如浮云。"（7.16）

儒家提倡的"安贫乐道"大概就是从这里来的吧。可是孔子并非不食人间烟火的神仙，作为肉体凡胎，要想生存下去，他老人家也需要钱财啊。

孔子真的一点也不爱财吗？非也。请看《论语·述而篇》：

> 子曰："富而可求也，虽执鞭之士，吾亦为之。如不可求，从吾所好。"（7.12）

你看，只要能挣钱，不犯法，不违规，孔子啥都愿意干呢！在《史记·孔子世家》里有这样一段记载：

> 孔子欣然而笑曰："有是哉，颜氏之子！使尔多财，吾为尔宰。"

15

在这里,孔子竟然直接说愿意给颜回当账房先生呢!

这样的故事还有很多,篇幅所限,不再赘述。从这些细节里我们不难看出,孔子也是肉体凡胎,他也有着普通人一样的七情六欲,和普通人一样鲜活立体。

2. 德智双馨,超凡入圣——圣人孔子

圣人,是指被大众认为具有特别美德和神圣的人。余秋雨曾说:"中华文明不中断地延续数千年,是全人类唯一的奇迹。这个奇迹中最值得称道的是一种美德的延续,美德的最高文本是孔子的《论语》。"1998年,全世界诺贝尔奖获奖者集会巴黎,他们在宣言中说:"如果人类要在21世纪继续生存下去,必须回头两千五百年,去吸取孔子的智慧。"凡人孔子之所以成了举世称道的圣人,或许是因为他有着超乎普通人的美德与智慧。

凡读过《论语》之人,都对《论语》中"君子"与"仁"这两个概念非常熟悉。《论语》中"君子"一词出现了108次,"仁"字现出了110次。孔子以"修己以安人""修己以安百姓"的君子人格作为自己和弟子的修身准则,洁身自好;以仁者爱人和"己所不欲,勿施于人""己欲立而立人,己欲达而达人"的仁爱之心作为自己和弟子为人处世的基本准绳,馨德远扬。

面对礼崩乐坏、民不聊生的社会局面,孔子忧心如焚。他提倡仁政,倡导明君贤臣、爱民教民,提出了以德治国、以礼治国、以教治国等政治理念。为实现政治理想,他不惜周游列国,跋山涉水。在曲折、坎坷的一生中,他始终坚守"士志于道"的人生理想,以"知其不可而为之"的精神,四处奔波,上下求索。哪怕是身处逆境、危境,他也始终怀着对天下百姓的"不忍绝之情"、对恢复天下秩序的"不可逃之义",坦然面对,矢志不渝。

孔子童年贫困,少年苦学,中年周游列国,晚年授徒讲学。天生的资质与后天的磨难成就了他洞察人生、笑看荣辱的智慧与练达。今天,他"不语怪力乱神"的思想原则,他"以义安命"的天命观念,他中庸变通的哲学思想,他观人有术的识人之智,他"益者三友、损者三友"的交友之道,他"以直报怨,以德报德"的处世哲学,依然给我们以智慧的启迪与引导。

孔子的智慧与成就,其实很大程度上源于他的好学。他"十有五而志于学",秉着"朝闻道,夕死可矣"的精神,"学如不及,犹恐失之"。子贡说:"夫子焉不学?而亦何常师之有?"孔子不放过每一个学习的机会,"入太庙,每事问",谦虚地向身边的一切人学习。孔子评价自己说:"其为人也,发愤忘食,乐以忘忧,不知老之将至云尔。"这就是他的一幅自画像,也是他孜孜好学、黾勉勤奋的学习精神的真实写照。

孔子的勤奋博学吸引了众多弟子追随其学习。他有教无类,"自行束脩以上","未尝无诲",破学在官府、学在贵族之旧制,开平民教育之先河,使寒门弟子有了接受教育的机会。他理念先进,"不愤不启,不悱不发,举一隅不以三隅反,则不复也"的启发式教学理念至今影响深远。他尊重学生,平易近人,鼓励学生"当仁,不让于师",主张师生之间教学相长。他弟子三千,因材施教,方法不拘一格。他满腹经纶,传道广泛全面,坚持德育为先……

孔子生前诲人不倦,身后影响深远。今天每个中国人都在某种程度上是孔子的徒孙,在自觉或不自觉间受到了至圣先师孔子的教育影响。

3. 即凡而圣、圣而复凡、几经沉浮的孔子

孔子生时,诸侯割据,战火纷飞,他的才华与理念不被赏识。汉代以前,《论语》仅是儒家专著,是与先秦诸子"平起平坐"的子书。西汉昭、宣二帝之后,《论语》的地位和声望已非其他先秦诸子之书可比。东汉时,《论语》被列入"七经",由子

17

书升格为经书,成了"恒久之至道,不刊之鸿教",而孔子也从此开始了从凡人到圣人的"逆袭"之旅。

那么,子书《论语》何以变成经书,凡人孔子又何以成了圣人呢? 王蒙在《天下归仁》一书中给出了答案:"孔子的圣人化,是后世权力系统的举措造成的,更是他诸种主张说法的深得人心、深入人心造成的。"后者作为内因,在上文已经谈到,不再赘述。这里简单谈一下外因——后世权力系统——对《论语》及孔子命运的影响。

外因主要是时代诉求。汉武帝罢黜百家而独尊儒术,有着复杂的社会原因。作为统治思想,能和儒家竞争的是法家,但秦朝的迅速灭亡,暴露了法家"可以行一时之计,而不可长用"的缺陷。汉家政权代秦而起,必然要吸取秦朝因苛政而速亡的教训,寻求一种更有利于长治久安的指导思想,于是提倡无为、迎合战乱后亟待休养生息的社会需求的黄老之学得到当政者采纳。而对内无为,地方就会出现一些有为的野心家,觊觎中央政权;对外无为,则使匈奴咄咄逼人,屡屡犯境,给汉朝统治者留下了深刻的历史教训。儒学以传统的政治思想为基础,又具有包容性和开放性,从而具有了其他诸子之学不可比拟的优势。并且,儒家以孝为仁之本,《论语》第二章即言:"其为人也孝弟,而好犯上者,鲜矣;不好犯上,而好作乱者,未之有也。"孝父自然忠君,统治者移孝为忠,易于培养听话的臣子、安分的子民。儒家所讲的伦理道德,可以培养大批谦谦君子;儒家倡导的仁爱之教,有利于形成温良敦厚的社会伦理基础;儒家倡导的"君君,臣臣,父父,子子"的等级观念,更有利于维护社会稳定。

综上所述,由于内因、外因的双重因素,子书《论语》在汉代成了经书,凡人孔子也在汉代成了圣人。此后两千年,他有了越来越多、越来越高的头衔,被封建君臣们尊崇到无以复加的程度,成了中国历史上无冕之"素王"。

而历史,又一次让孔子回到了困顿寂寞之中——在五四新文化运动的解放思潮里,《论语》和孔子跌落神坛,变得一文不名;在"文革"的腥风血雨里,孔子成了人人喊打的过街之鼠,《论语》遭受了批判和禁毁……

今天,在弘扬中华优秀传统文化的时代背景之下,传统文化又"热"了起来,《论语》又"火"了起来。

4. 圣凡交替、真伪难辨的孔子

《论语》中说:"道之将行也与,命也;道之将废也与,命也。"孔子大概不曾想过,其道、其人在两千五百年的历史中,竟有着这样大起大落的传奇命运。我们要清醒地认识到:左右夫子之道兴衰的,不是命运,而是不同时代的诉求。行于文化之巅的,未必是真夫子;废于千丈之底的,亦未必是真夫子。

自汉武帝以来,儒家学说被立为国家的主流意识形态,为适应皇权政治和集权统治,一些儒士对孔子思想进行了功利性改造,使孔子背负了千年的误解和诘难。到了明清时期,所谓"儒学",早已和封建统治思想互为表里,相互印证,成为钳制人们思想行为的枷锁。周予同说:"真的孔子死了,假的孔子依着中国的经济、政治、学术的变迁而挨次出现。汉武帝独尊孔子,只是为政治的便利而捧出的一位假孔子,至少是半真半假的孔子,绝不是真孔子。学术思想方面,孔子的变迁就更多了。所以虽然大家都知道孔子,但知道的却未必是真孔子。"

被尊的未必是真孔子,被批就一定是真孔子吗?五四运动批孔,很大程度上是因为儒学原典中的那些崇实、进取的正能量已经消耗殆尽,而那些附会、歪曲的僵化、保守因素则被放大到极致,在这样的严峻形势下,不激烈地批判它,就不能祛除中华传统文化中的深重毒素，我们的传统文化就有可能因为毒素的持续扩散而趋于消亡。正如李零《去圣乃得真孔子》所言："五四运动，'打倒孔家店'，其实，它打的是朱家店，而不是孔家店。打倒的只是店，而不是孔子。孔子走下圣坛，重归诸子，有什么不好？这是恢复了其本来面目。"

总的来说，《论语》和孔子在历史上经历了太多的附会、歪曲、误解，要想在纷纷扰扰的历史变迁中清醒地辨别真假《论语》、真假孔子，就要抛却以往批孔、尊孔的陈念，踏踏实实地从《论语》的原文、本义出发，汲取、光大孔子及《论语》之精华，摒弃、克服其糟粕，走近鲜活可爱的孔子，学习睿智高深的孔子，明辨几经沉浮的孔子，读出全面真实的孔子。

三、思考题

自西周起，有声望地位之人辞世后，后人往往用谥号来对其一生进行评定。孔子辞世后，历代帝王给他的封号虽多，却无一个明确的谥号。如果让你来给孔子拟谥号，你会拟作什么呢？

提示：可阅读《逸周书·谥法解》等相关资料作为拟谥参考，也可不参考资料；谥号字数不限，可长可短，只要言之成理即可。

阅读材料

孔子,名丘,字仲尼,中国古代著名的思想家、教育家,儒家学派创始人,被后世尊为孔圣人、至圣、至圣先师等,是人类历史上的"四大圣哲"之一、"世界十大文化名人"之首。

一、生平经历

> 子曰:吾十有五而志于学,三十而立,四十而不惑,五十而知天命,六十而耳顺,七十而从心所欲不逾矩。(2.4)

> 子曰:"十室之邑,必有忠信如丘者焉,不如丘之好学也。"(5.28)

孔子一生虚怀若谷,唯独对"好学"这一点毫不谦虚,引以为傲。他的弟子子贡也曾评价他无处不学,学无常师。

> 太宰问于子贡曰:"夫子圣者与? 何其多能也?"子贡曰:"固天纵之将圣,又多能也。"
> 子闻之,曰:"太宰知我乎! 吾少也贱,故多能鄙事。君子¹多乎哉? 不多也。"(9.6)

1　这里的"君子"不是道德意义上的君子,而是指社会地位高的人。

由此章可知,孔子在世时,就已有人将其视为圣人,而弟子子贡则对"造圣"有莫大贡献。

> 牢曰:"子云,'吾不试,故艺'。"(9.7)

> 子曰:"有教无类"。(15.39)

> 子曰:"自行束脩以上,吾未尝无诲焉。"(7.7)

以上两章不过寥寥数语,却是中国教育史上最亮的一束光,穿透了贵族官府垄断教育的厚障壁,给普通百姓带来了智慧的光明。

> 子以四教:文,行,忠,信。(7.25)

> 孔子谓季氏:"八佾舞于庭,是可忍也,孰不可忍也?"(3.1)

> 三家者以雍彻。子曰:"'相维辟公,天子穆穆',奚取于三家之堂?"(3.2)

三大权臣严重违礼僭越,这正是孔子掌权后采取"堕三都"等一系列削弱三家势力举措的重要原因。

> 子曰:"齐一变,至于鲁;鲁一变,至于道。"(6.24)

> 子在齐闻《韶》,三月不知肉味,曰:"不图为乐之至于

八佾第三、

凡二十六章通前篇末二章皆論禮樂之事、

孔子謂季氏八佾舞於庭是可忍也孰不可忍也、

佾音逸。○季氏魯大夫季孫氏也佾舞列也天子八諸侯六大夫四士二每佾人數如其佾數或曰每佾八人未詳孰是季氏以大夫而僭用天子之樂孔子言其此事尚忍爲之則何事不可忍爲或曰忍容忍也蓋深疾之之辭。○范氏曰樂舞之數自上而下降殺以兩而已故兩之間不可以毫髮僭差也孔子爲政先正禮樂則季氏之罪不容誅矣。○謝氏曰君子

◉ 图1-2　宋嘉定十年当涂郡斋刻本《论语集注》

斯也。"（7.14）

　　子谓《韶》："尽美矣，又尽善也。"谓《武》："尽美矣，未尽善也。"（3.25）

　　齐景公问政于孔子。孔子对曰："君君，臣臣，父父，子子。"公曰："善哉！信如君不君，臣不臣，父不父，子不子，虽有粟，吾得而食诸？"（12.11）

此章易被误解为孔子在强调封建等级观念。与3.19章互解，可知孔子深意在于提醒齐景公要先"使臣以礼"。

　　定公问："君使臣，臣事君，如之何？"孔子对曰："君使臣以礼，臣事君以忠。"（3.19）

　　齐景公待孔子曰："若季氏，则吾不能；以季、孟之间待之。"曰："吾老矣，不能用也。"孔子行。（18.3）

　　阳货欲见孔子，孔子不见，归孔子豚。
　　孔子时其亡也，而往拜之。
　　遇诸途。
　　谓孔子曰："来！予与尔言。"曰："怀其宝而迷其邦，可谓仁乎？"曰："不可。——好从事而亟失时，可谓知乎？"曰："不可。——日月逝矣，岁不我与。"
　　孔子曰："诺，吾将仕矣。"（17.1）

章末，孔子看似答应为"陪臣执国命"的阳货出仕，但事实上，

陽貨第十七　二十

陽貨欲見孔子，孔子不見，歸孔子豚。孔子時其<small>歸如字好知並去聲亟去聲</small>

亡也，而往拜之，遇諸塗。謂孔子曰：來，予與爾言。

曰：懷其寶而迷其邦，可謂仁乎？曰：不可。好從事

而亟失時，可謂知乎？曰：不可。日月逝矣，歲不我

與。孔子曰：諾，吾將仕矣。

集曰：陽貨名虎，季氏家臣。歸遺也，豚豕之

小者。時其亡者，伺虎不在家時而往謝之

也。塗道也。懷寶迷邦謂懷藏道德，任其

國之迷亂，巫數也。失時謂不及事機之會。

諾應辭也。將者且然而未必之辭。陽貨嘗

囚季桓子而專國政，欲見孔子而用之。孔

子不往見，以禮大夫有賜於士不得受於<small>朱氏</small>

其家而往拜其門。故矙孔子之亡而歸之<small>在禮當</small>

脈，欲令孔子來而往拜而見之也。<small>往拜朱氏</small>

往則有不得避焉，懷寶而迷邦，誠不可謂

也，遇諸塗則有不得避焉，好從事而巫失時，誠不可謂

不可謂之仁，好從事而巫失時，誠不可謂

◉ 图1-3　宋淳祐六年湖颊刻本《论语集说》

25

阳货当权时孔子一直未仕,而是在两年后(阳货离开鲁国后)才出来做官。

> 公山弗扰以费畔,召,子欲往。
>
> 子路不说,曰:"末之也,已,何必公山氏之之也?"
>
> 子曰:"夫召我者,而岂徒哉? 如有用我者,吾其为东周乎!"(17.5)

此章内容无史料可佐,且与孔子一贯主张相左,因此许多学者对其真实性存疑。

> 定公问:"一言而可以兴邦,有诸?"
>
> 孔子对曰:"言不可以若是其几也。人之言曰,'为君难,为臣不易'。如知为君之难也,不几乎一言而兴邦乎?"
>
> 曰:"一言而丧邦,有诸?"
>
> 孔子对曰:"言不可以若是其几也。人之言曰,'予无乐乎为君,唯其言而莫予违也'。如其善而莫之违也,不亦善乎? 如不善而莫之违也,不几乎一言而丧邦乎?"(13.15)

孔子认为,"兴邦""丧邦"与君主如何看待自己的身份与权力大有关联,这与孔子一贯主张的"为政以德"是一致的。

> 齐人归女乐,季桓子受之,三日不朝,孔子行。(18.4)

据《史记·孔子世家》载,孔子"由大司寇行摄相事","与闻国政三月",鲁国秩序井然,其近邻齐国"闻而惧",认为"孔子为政必霸",于是向鲁国馈赠歌姬、舞女以蛊惑鲁国君臣。孔子见国君与权臣季桓子皆怠于政事,且失礼于大夫,故而离鲁,开始了周游列国的生涯。

> 子适卫,冉有仆。子曰:"庶矣哉!"
> 冉有曰:"既庶矣,又何加焉?"曰:"富之。"
> 曰:"既富矣,又何加焉?"曰:"教之。"(13.9)

> 子贡曰:"有美玉于斯,韫椟而藏诸? 求善贾而沽诸?"
> 子曰:"沽之哉! 沽之哉! 我待贾者也。"(9.13)

子贡巧设譬喻,含蓄地问孔子的从政意向。孔子知子贡所问为何,直言以告。

> 王孙贾问曰:"与其媚于奥,宁媚于灶,何谓也?"子
> 曰:"不然。获罪于天,无所祷也。"(3.13)

> 子畏于匡,曰:"文王既没,文不在兹乎? 天之将丧斯
> 文也,后死者不得与于斯文也;天之未丧斯文也,匡人其如
> 予何?"(9.5)

此章一方面可见在被人围困的生死存亡之际,孔子有着异乎常人的从容、镇定;另一方面可以看出孔子对文化的担当与信心。

> 佛肸召,子欲往。
> 子路曰:"昔者由也闻诸夫子曰,'亲于其身为不善者,

君子不入也'。佛肸以中牟畔,子之往也,如之何?"

子曰:"然,有是言也。不曰坚乎,磨而不磷;不曰白乎,涅而不缁。吾岂匏瓜也哉? 焉能系而不食?"(17.7)

孔子一心"待贾者""沽之",而一直未遇明君,因此有几次差点明珠暗投,幸好子路阻止,才没有留下污名。

子见南子,子路不说。夫子矢之曰:"予所否者,天厌之! 天厌之!"(6.28)

子曰:"吾未见好德如好色者也。"(9.18)

卫灵公问陈于孔子。孔子对曰:"俎豆之事,则尝闻之矣;军旅之事,未之学也。"明日遂行。(15.1)

子曰:"苟有用我者,期月而已可也,三年有成。"(13.10)

孔子所言非虚,据《史记·孔子世家》记载,孔子周游列国前,"定公以孔子为中都宰,一年,四方则之","与闻国政三月,粥羔豚者弗饰贾;男女行者别于涂;涂不拾遗;四方之客至乎邑者不求有司,皆予之以归"。

子曰:"天生德于予,桓魋其如予何?"(7.23)

在陈绝粮,从者病,莫能兴。子路愠见曰:"君子亦有穷乎?"子曰:"君子固穷,小人穷斯滥矣。"(15.2)

子在陈，曰："归与！归与！吾党之小子狂简，斐然成章，不知所以裁之。"（5.22）

叶公问政。子曰："近者悦，远者来。"（13.16）

《韩非子·难三》有言："叶都大而国小，民有背心，故曰'政在悦近而来远'。"

叶公语孔子曰："吾党有直躬者，其父攘羊，而子证之。"孔子曰："吾党之直者异于是，父为子隐，子为父隐。直在其中矣。"（13.18）

世界上绝大多数国家的法律中都有"容隐制度"——亲人之间不检举、不揭发、不举报并不违法，这与孔子和孟子提倡的"亲亲相隐"一脉相承。家庭伦理是社会伦理的根基，若大义灭亲流行，对社会伦理无异于釜底抽薪。不过在大是大非面前，"亲亲相隐"确实有其局限之处。

子曰："鲁、卫之政，兄弟也。"（13.7）

冉有曰："夫子为卫君乎？"子贡曰："诺，吾将问之。"

入，曰："伯夷、叔齐何人也？"曰："古之贤人也。"曰："怨乎？"曰："求仁而得仁，又何怨？"

出，曰："夫子不为也。"（7.15）

此章与13.3章背景如下。卫灵公生前，其子蒯聩因得罪卫灵公宠姬南子，出逃晋国。卫灵公死后，其孙卫辄即位，为卫出公

（即此二章所言"卫君"）。而此时，出逃于外的蒯聩在晋国帮助下回来与儿子争位。7.15章中，冉有想知道夫子是否赞成卫出公，子贡巧妙地问孔子如何看待互让王位的伯夷、叔齐，知道了这个问题的答案，也就知道孔子不赞成父子相争的卫君了。13.3章中，孔子主张先"正名"，也是针对卫国父子相争、名分不正、人心不稳、社会无序的状态而言的。

> 子路曰："卫君待子而为政，子将奚先？"
> 子曰："必也正名乎！"
> 子路曰："有是哉，子之迂也！奚其正？"
> 子曰："野哉，由也！君子于其所不知，盖阙如也。名不正，则言不顺；言不顺，则事不成；事不成，则礼乐不兴；礼乐不兴，则刑罚不中；刑罚不中，则民无所错手足。故君子名之必可言也，言之必可行也。君子于其言，无所苟而已矣。"（13.3）

> 颜渊死。子曰："噫！天丧予！天丧予！"（11.9）

> 颜渊死，子哭之恸。从者曰："子恸矣！"曰："有恸乎？非夫人之为恸而谁为？"（11.10）

> 颜渊死，门人欲厚葬之。子曰："不可。"
> 门人厚葬之。子曰："回也视予犹父也，予不得视犹子也。非我也，夫二三子也。"（11.11）

> 颜渊死，颜路请子之车以为之椁。子曰："才不才，亦各言其子也。鲤也死，有棺而无椁。吾不徒行以为之椁。

以吾从大夫之后，不可徒行也。"（11.8）

孔子与颜渊如父如子，因而颜渊死后，孔子无限悲痛。即使如此，他依然坚持依颜渊之身份、依社会之礼节而薄葬爱徒，并坚信这样的理念也一定是视其如父的颜渊所赞同的。

> 陈成子弑简公。孔子沐浴而朝，告于哀公曰："陈恒弑其君，请讨之。"公曰："告夫三子。"
>
> 孔子曰："以吾从大夫之后，不敢不告也。君曰'告夫三子'者。"
>
> 之三子告，不可。孔子曰："以吾从大夫之后，不敢不告也。"（14.21）

孔子回鲁后被授予"国老"头衔，以备顾问。其位虽高于一般大夫，待遇亦不低于当年仕鲁时的俸禄，但实际上却无具体职务，无决策权、执行权，仅起着议政的作用。

> 子曰："甚矣吾衰也！久矣吾不复梦见周公。"（7.5）

> 子曰："凤鸟不至，河不出图，吾已矣夫！"（9.9）

二、夫子剪影

> 子曰："巧言令色，鲜矣仁。"（1.3）

> 子曰："巧言、令色、足恭，左丘明耻之，丘亦耻之。匿怨而友其人，左丘明耻之，丘亦耻之。"（5.25）

由此二章可见,孔子十分厌恶花言巧语、谄媚之态。

> 子曰:"辞达而已矣。"(15.41)

> 司马牛问仁。子曰:"仁者,其言也讱。"
> 曰:"其言也讱,斯谓之仁已乎?" 子曰:"为之难,言之得无讱乎?"(12.3)

孔子认为,言辞能表达意思即可,不必过于华丽;而且说易行难,因此说话要特别慎重。

> 颜渊、季路侍。子曰:"盍各言尔志?"
> 子路曰:"愿车马衣轻裘与朋友共,敝之而无憾。"
> 颜渊曰:"愿无伐善,无施劳。"
> 子路曰:"愿闻子之志。"
> 子曰:"老者安之,朋友信之,少者怀之。"(5.26)

夫子之志有两种解读:第一,使老年人安康舒适,使朋友互相信任,使年轻人得到关怀养护;第二,使老年人心安于我,使朋友信任我,使年轻人怀念我。

> 原思为之宰,与之粟九百,辞。子曰:"毋! 以与尔邻里乡党乎!"(6.5)

> 子曰:"述而不作,信而好古,窃比于我老彭。"(7.1)

夫子的"述而不作"是谦虚,但也有局限,是中华文化的一大憾事。

> 叶公问孔子于子路,子路不对。子曰:"女奚不曰,其为人也,发愤忘食,乐以忘忧,不知老之将至云尔。"(7.19)

> 子曰:"文,莫吾犹人也。躬行君子,则吾未之有得。"(7.33)

> 子曰:"若圣与仁,则吾岂敢? 抑为之不厌,诲人不倦,则可谓云尔已矣。"公西华曰:"正唯弟子不能学也。"(7.34)

《孟子·公孙丑上》记载,子贡曾这样评价孔子:"学不厌,智也;教不倦,仁也。仁且智,夫子既圣矣。"可见在众弟子心中,孔子已是圣人了。

> 子曰:"默而识之,学而不厌,诲人不倦,何有于我哉?"(7.2)

> 子曰:"德之不修,学之不讲,闻义不能徙,不善不能改,是吾忧也。"(7.3)

孔子曾说:"君子忧道不忧贫。"他自己就是忧道、学道、传道的孜孜践行者。

> 子之燕居,申申如也,夭夭如也。(7.4)

子温而厉,威而不猛,恭而安。(7.38)

此二章可与19.9章[1]互解。

子食于有丧者之侧,未尝饱也。(7.9)

子于是日哭,则不歌。(7.10)

夫子对别人的悲伤感同身受,会因同情他人丧亲而没有胃口,并且由于余哀未忘,一整天都没办法再快乐地歌唱。

子曰:"奢则不孙,俭则固。与其不孙也,宁固。"(7.36)

子欲居九夷。或曰:"陋,如之何?"子曰:"君子居之,何陋之有?"(9.14)

子曰:"饭疏食饮水,曲肱而枕之,乐亦在其中矣。不义而富且贵,于我如浮云。"(7.16)

子曰:"富而可求也,虽执鞭之士,吾亦为之。如不可求,从吾所好。"(7.12)

孔子安贫乐道,但并非刻意追求贫苦。君子可以爱财,只要取之有道即可。

1　子夏曰:"君子有三变,望之俨然,即之也温,听其言也厉。"

子之所慎：齐、战、疾。(7.13)

子不语怪、力、乱、神。(7.21)

"怪""力""乱""神"的对立面是"常""德""治""人"。孔子能在科学极不发达的两千五百年前突破"怪"和"神"对人的精神统治，能在武力称霸、战乱频仍的无道乱世不语"力""乱"而看到"德"与"治"，这体现了圣人异于常人的胸襟。

子与人歌而善，必使反之，而后和之。(7.32)

子曰："二三子以我为隐乎？吾无隐乎尔。吾无行而不与二三子者，是丘也。"(7.24)

此章可见夫子对弟子坦诚相待。

陈司败问昭公知礼乎，孔子曰："知礼。"
孔子退，揖巫马期而进之，曰："吾闻君子不党，君子亦党乎？君取于吴，为同姓，谓之吴孟子。君而知礼，孰不知礼？"
巫马期以告。子曰："丘也幸，苟有过，人必知之。"(7.31)

此章可见夫子对他人的坦诚。当因不得已犯了错而被人指出时，孔子非但不文过饰非，反而觉得这是一桩幸事。

师冕见，及阶，子曰："阶也。"及席，子曰："席也。"皆坐，子告之曰："某在斯，某在斯。"

师冕出,子张问曰:"与师言之道与?"子曰:"然,固相师之道也。"(15.42)

子见齐衰者、冕衣裳者与瞽者,见之,虽少,必作;过之,必趋。(9.10)

孔子关怀特殊人群。

子钓而不纲,弋不射宿。(7.27)

厩焚。子退朝,曰:"伤人乎?"不问马。(10.17)

朋友死,无所归,曰:"于我殡。"(10.22)

以上几章可见孔子待人、待物之善心。

乡人饮酒,杖者出,斯出矣。(10.13)

问人于他邦,再拜而送之。(10.15)

孔子知礼、守礼。

或曰:"以德报怨,何如?"子曰:"何以报德?以直报怨,以德报德。"(14.34)

后人常认为"以德报怨"是孔子的主张,其实不然。"以德报怨"是老子的主张,孔子并不赞同。

原壤夷俟。子曰："幼而不孙弟，长而无述焉，老而不死，是为贼。"以杖叩其胫。(14.43)

子曰："莫我知也夫！"子贡曰："何为其莫知子也？"子曰："不怨天，不尤人，下学而上达。知我者其天乎！"(14.35)

孔子曲高和寡，一生难觅真正的知音。

三、弟子眼中的孔子

颜渊喟然叹曰："仰之弥高，钻之弥坚。瞻之在前，忽焉在后。夫子循循然善诱人，博我以文，约我以礼，欲罢不能。既竭吾才，如有所立卓尔。虽欲从之，末由也已。"(9.11)

此章一可见颜回对孔子亦步亦趋，十分推崇；二可见颜回对孔子教学内容的高度概括——"文""礼"二字，是对知识与道德的兼顾；三可见颜回勤学不辍、不断精进和谦恭自牧的品性。

子禽问于子贡曰："夫子至于是邦也，必闻其政，求之与？抑与之与？"子贡曰："夫子温、良、恭、俭、让以得之。夫子之求之也，其诸异乎人之求之与？"(1.10)

此章一可见子贡对夫子之了解，二可见夫子以德服人之风度。

子贡曰："夫子之文章，可得而闻也；夫子之言性与天道，不可得而闻也。"(5.13)

"性与天道,不可得而闻"的原因,一是因为这两部分内容过难,非常人所能悟;二是因为孔子谈得少。

> 叔孙武叔语大夫于朝曰:"子贡贤于仲尼。"
> 子服景伯以告子贡。
> 子贡曰:"譬之宫墙,赐之墙也及肩,窥见室家之好。夫子之墙数仞,不得其门而入,不见宗庙之美,百官之富。得其门者或寡矣。夫子之云,不亦宜乎?"(19.23)

> 叔孙武叔毁仲尼。子贡曰:"无以为也!仲尼不可毁也。他人之贤者,丘陵也,犹可逾也;仲尼,日月也,无得而逾焉。人虽欲自绝,其何伤于日月乎?多见其不知量也。"(19.24)

> 陈子禽谓子贡曰:"子为恭也,仲尼岂贤于子乎?"
> 子贡曰:"君子一言以为知,一言以为不知,言不可不慎也。夫子之不可及也,犹天之不可阶而升也。夫子之得邦家者,所谓立之斯立,道之斯行,绥之斯来,动之斯和。其生也荣,其死也哀,如之何其可及也?"(19.25)

以上三章集中体现了子贡对恩师孔子的了解、维护,也体现了子贡高超的论辩才能。

四、时人眼中的孔子

> 仪封人请见,曰:"君子之至于斯也,吾未尝不得见也。"从者见之。出曰:"二三子何患于丧乎?天下之无道

也久矣，天将以夫子为木铎。"（3.24）

这里的"丧"常被解读为丢掉官位，其实，若能将其与9.5章互解，视为"斯文"之"丧"，则更符合仪封人对孔子的"木铎"之喻：古人武事振金铎，文事振木铎，以"木铎"喻孔子，意指孔子在文事（教化世人）方面将有重大影响。

> 达巷党人曰："大哉孔子！博学而无所成名。"子闻之，谓门弟子曰："吾何执？执御乎？执射乎？吾执御矣。"（9.2）

此章与9.6、9.7两章互解，可知孔子在迫于生计和勤于学习的主客观条件下，博学、多能、多艺。达巷党人嘲笑孔子常识广博而不能精通某一项并借以成名，孔子则幽默轻松地回答，当不得真。不过，此章倒是可与孔子所说的"君子不器"互解。

> 微生亩谓孔子曰："丘何为是栖栖者与？无乃为佞乎？"孔子曰："非敢为佞也，疾固也。"（14.32）

> 子路宿于石门。晨门曰："奚自？"子路曰："自孔氏。"曰："是知其不可而为之者与？"（14.38）

晨门这个在历史上无名无姓的小人物，却对孔子一生做了最精简的概括。孔子的"知其不可而为之"与庄子的"知其不可奈何而安之若命"形成了鲜明对比。

> 子击磬于卫，有荷蒉而过孔氏之门者，曰："有心哉，击磬乎！"既而曰："鄙哉，硁硁乎！莫己知也，斯己而已矣。

深则厉,浅则揭。”

　　子曰:“果哉,末之难矣。”(14.39)

荷蒉者听闻孔子之乐而知其心中忧思,劝孔子在乱世之中要适可而止,而这与孔子“知其不可而为之”的精神显然相悖。

　　楚狂接舆歌而过孔子曰:“凤兮凤兮! 何德之衰? 往者不可谏,来者犹可追。已而,已而! 今之从政者殆而!”

　　孔子下,欲与之言。趋而辟之,不得与之言。(18.5)

接舆以凤凰喻孔子,可见孔子声名之大。另一方面,凤凰作为祥瑞之鸟,有道则现,无道则隐,接舆以凤凰“德衰”来规劝孔子不要在乱世从政。

　　长沮、桀溺耦而耕,孔子过之,使子路问津焉。

　　长沮曰:“夫执舆者为谁?”

　　子路曰:“为孔丘。”

　　曰:“是鲁孔丘与?”

　　曰:“是也。”

　　曰:“是知津矣。”

　　问于桀溺。

　　桀溺曰:“子为谁?”

　　曰:“为仲由。”

　　曰:“是鲁孔丘之徒与?”

　　对曰:“然。”

　　曰:“滔滔者天下皆是也,而谁以易之? 且而与其从辟人之士也,岂若从辟世之士哉?”耰而不辍。

子路行以告。

夫子怃然曰:"鸟兽不可与同群,吾非斯人之徒与而谁与? 天下有道,丘不与易也。"(18.6)

《论语》全书中,"怃然"一词仅出现一次。孔子并非脆弱之人,他在陈、蔡绝粮时能泰然自若,在桓魋追杀、匡人围困时能处变不惊,区区几句奚落怎么让他怃然了呢? 让他怃然的绝不仅是问津不得、众人不解,更是天下黎民无津可渡的悲惨境遇。

子路从而后,遇丈人,以杖荷蓧。

子路问曰:"子见夫子乎?"

丈人曰:"四体不勤,五谷不分。孰为夫子?"植其杖而芸。

子路拱而立。

止子路宿,杀鸡为黍而食之,见其二子焉。

明日,子路行以告。

子曰:"隐者也。"使子路反见之。至,则行矣。

子路曰:"不仕无义。长幼之节,不可废也;君臣之义,如之何其废之? 欲洁其身,而乱大伦。君子之仕也,行其义也。道之不行,已知之矣。"(18.7)

由这几章可知,孔子周游列国十四载,不仅要承受流离失所、才不能施、志不能伸的痛苦,更饱尝了不被理解甚至为人误解、嘲讽、奚落之苦。

第二讲

弟子，各有千秋

第一课
孔门弟子概览

杨绛说:"四书我最喜欢《论语》,因为最有趣,读《论语》,读的是一句一句话,看见的却是一个一个人,书里的一个个弟子,都是活生生的,一人一个样儿,各不相同。"从前读《论语》,我们总是站在圣人的肩膀上来看他的弟子们,他们是渺小的、模糊的,仅仅是孔子伟大形象的陪衬。这一次,我们专门为他们开设一个舞台,让这些弟子鲜活起来、舞动起来。

孔子有多少弟子呢?《史记·孔子世家》载:"孔子以《诗》《书》《礼》《乐》教,弟子盖三千焉。身通六艺者,七十有二人。"《史记·仲尼弟子列传》开篇则言:"孔子曰'受业身通者七十有七人',皆异能之士也。"结合这两句话,我们可以得出以下两个结论:

第一,孔子弟子达三千人之多。在教学手段极不发达的两千五百年前,孔子是如何教授了三千弟子的呢? 按照李零《丧家狗:我读〈论语〉》中的观点,孔子可能是把弟子分成了"在籍"(也叫"编牒"或"著录",只是慕名前往,登记在册,是外围的学生,一般由弟子转相传授,可能没见过孔子)、"及门"(进了老师的门,没进过老师的屋,未尝亲炙师教)、"登堂"(类似于集体授课)、"入室"(可以在老师的客厅听老师亲授,旁无杂人)几类,整体相加有三千人。

第二,孔子弟子中,成绩优异者有72人或77人。《史记·孔子世家》和《史记·仲尼弟子列传》中"身通者"的数量不同,是太史公"兼存异说"史学观念的体现。《史记·仲尼弟子列传》中详细罗列了77名弟子的姓、名、字,故而77人这个数字更确。

77名核心弟子,有10位弟子是其中的佼佼者,统称为"四科十哲"。

> 德行:颜渊,闵子骞,冉伯牛,仲弓。言语:宰我,子贡。政事:冉有,季路。文学:子游,子夏。(11.3)

包括四科十哲在内,《论语》中出现了29位弟子。我们参照李零《丧家狗:我读〈论语〉》中的相关内容,将此29人分为三期四组(见表1-2)。

> 第一批,仲由最能干,也最有名。其次,是两位道德先生,冉耕和闵损,孔子很欣赏,但对后世没什么影响。第二批,颜回是孔子最得意的门生,但除了紧跟孔子和安贫乐道,后世对他几乎一无所知。其次,冉雍、冉求,在政事方面很重要,仅次于仲由;宰予、端沐赐,在言语方面最重要,后者也是政事之材。第三批,名气最大,是五大弟子,一是貌似孔子而老实巴交的有若,二是对有若不服气的曾参,三是长于文学的卜商、言偃,四是性格豪爽如仲由的颛孙师。[1]

———————

1　李零:《丧家狗:我读〈论语〉》,山西人民出版社,2008年,第23页。

表1-2 《论语》中出现的29名孔子弟子

批次	姓名	字	名与字的关系	国别	少孔子年龄	四科	特点	备注	相关章句
第一批5人，孔子居鲁时（35岁前）所收	颜无繇	路	"繇"通"由"，与"路"语义相关	鲁	6			颜回之父	1章（11.8）
	冉耕	伯牛	"耕""牛"语义相关	鲁	约7	德行		据说得"恶疾"而死，孔子甚为惋惜	2章（6.10、11.3）
	仲由	子路或季路	"由"表示通过，"路"表示道路，语义相关	鲁	9	政事	有治国用兵之才，是孔门弟子中最早做官的。好勇过人，性子急，脾气暴，口无遮拦，常挨骂，但对老师绝对忠诚	前498年，任季氏（季桓子）宰。孔子周游列国时，仲由追随左右。回归鲁国之前，担任卫国蒲邑宰。孔子归鲁后，与冉有共事季康子，并往来于鲁、卫之间	41章（2.17、5.7、5.8、5.14、5.26、6.8、6.28、7.11、7.19、7.35、9.12、9.27、10.27、11.3、11.12、11.13、11.15、11.18、11.22、11.24、11.25、11.26、12.12、13.1、13.3、13.28、14.12、14.16、14.22、14.36、14.38、14.42、15.2、15.4、16.1、17.5、17.7、17.8、17.23、18.6、18.7）

批次	姓名	字	名与字的关系	国别	少孔子年龄	四科	特 点	备 注	相关章句
第一批5人，孔子早年居鲁时(35岁前)所收	漆调启	子开	"启""开"语义相同	蔡	11			是个受过刑的残疾人。孔子鼓励漆调启出去做官，他表示不愿意，孔子很高兴	1章(5.6)
第二批8人，孔子自齐返鲁后(37~54岁)所收	闵损	子骞	"骞"表示亏损，与名相应	鲁	15	德行	孔门最有名的大孝子		4章(6.9、11.3、11.5、11.14)
	冉雍	仲弓	尚不明确	鲁	20	德行	长于政事，不爱说话	子路陪孔子出国时，冉雍接替子路做季氏(季桓子)宰	7章(5.5、6.1、6.2、6.6、11.3、12.2、13.2)
	冉求	子有	一说，"求""之；一说，"求"读为"逑"，"有"读为"友"	鲁	29	政事	多才多艺，善理财、军事	前492年，接替冉雍做季氏(季康子)宰	16章(3.6、5.8、6.4、6.8、6.12、7.15、11.3、11.13、11.17、11.22、11.24、11.26、13.9、13.14、14.12、16.1)

47

批次	姓名	字	名与字的关系	国别	少孔子年龄	四科	特　点	备　注	相关章句
第二批8人，孔子自齐返鲁后(37—54岁)所收	宰予	子我	"予""我"同义	鲁	29	言语	思想独特，极具个性，被孔子骂得最惨	《史记·仲尼弟子列传》中所说"与田常作乱"者，并非宰予	5章(3.21、5.10、6.26、11.3、17.21)
	颜回	子渊	"渊"表示回水、"回"表示回旋	鲁	30	德行	最讨孔子喜欢，经常受表扬	太吃苦，太用功，只活了41岁就离开了人世。被后世尊为"复圣"	21章(2.9、5.9、5.26、6.3、6.7、6.11、7.11、9.11、9.20、9.21、11.3、11.4、11.7、11.8、11.9、11.10、11.11、11.19、11.23、12.1、15.11)[1]
	巫马施	子旗	"施""旗"皆从"㫃"，与旌旗相关	鲁或陈	30			曾任鲁国单父宰	1章(7.31)

1　另有第8.5章，未提及颜回名字，但历来注释家皆以为此章指的是颜回。

批次	姓名	字	名与字的关系	国别	少孔子年龄	四科	特　点	备　注	相关章句
第二批8人，孔子自齐返鲁后（37—54岁）新收	高柴	子羔	"柴"同"羍"，是一种羊，名与字语义相同	齐	30		个子很矮，相貌丑陋，有政治才能	曾任鲁国费宰、武城宰，还担任过卫国的士师	2章（11.18、11.25）
	宓不齐	子贱	"贱"读为"翦"，与"齐"语义相关	鲁	30或49			曾任鲁国单父宰。孔子夸子贱是鲁国的君子	1章（5.3）
	端木赐	子贡	古人以"贡""赐"互训，二者同义	卫	31	言语	能言善辩，长于外交、经商	曾仕鲁、卫。孔子死后，为孔子守孝六年	38章（1.10、1.15、2.13、3.17、5.4、5.9、5.12、5.13、5.15、6.8、6.30、7.15、9.6、9.13、11.3、11.13、11.16、11.19、12.7、12.8、12.23、13.20、13.24、14.17、14.28、14.29、14.35、15.3、15.10、15.24、17.19、17.24、19.20、19.21、19.22、19.23、19.24、19.25）

批次	姓名	字	名与字的关系	国别	少孔子年龄	四科	特点	备注	相关章句
第三批11人，孔子周游列国时（55—68岁）所收	原宪	子思	"宪""思"义相关	宋	36		安贫乐道	当过孔子的管家	2章（6.5,14.1）
	樊须	子迟	"须"表示等待，"迟"表示缓慢	鲁	36		喜欢种庄稼		6章（2.5、6.22、12.21、12.22、13.4、13.19）
	澹台灭明	子羽	尚不明确	鲁	39或49			是言偃当武城宰时发现的人才，后来到楚国发展，有弟子300多人	1章（6.14）
	陈亢	子禽	"亢"表示鸟喉	陈	40			见于《史记·仲尼弟子列传》子贡条下，没有单独的传，可能是子贡的弟子	3章（1.10,16.13,19.25）

批次	姓名	字	名与字的关系	国别	少孔子年龄	四科	特　点	备　注	相关章句
第三批11人,孔子周游列国时(55—68岁)所收	公西赤	子华	古代名"赤"、字"华"的人很多,赤黄,赤训	鲁	42		好礼,有外交才能		5章(5.8、6.4、7.34、11.22、11.26)
	有若	子有	尚不明确	鲁	43		据说相貌酷似孔子,孔子去世后,曾代孔子受弟子朝拜		4章(1.2、1.12、1.13、12.9)
	卜商	子夏	夏、商皆古国名	晋	44	文学	传《诗》和《春秋》,在经艺传授方面是重要人物	曾为鲁国莒父宰,又事卫灵公。老年讲学于西河,魏文侯、吴起等师事之	20章(1.7、2.8、3.8、6.13、11.3、11.16、12.5、12.22、13.17、19.3、19.4、19.5、19.6、19.7、19.8、19.9、19.10、19.11、19.12、19.13)

批次	姓名	字	名与字的关系	国别	少孔子年龄	四科	特点	备注	相关章句
第三批11人，孔子周游列国时（55—68岁）所收	言偃	子游	"偃"通"放"，"游"同"游"，皆表示旌旗旒饰	吴	45	文学		曾任鲁国武城宰。被后世称为"南方夫子"	8章（2.7、4.26、6.14、11.3、17.4、19.12、19.14、19.15）
	曾参	子舆	"参"读为"骖"，与"舆"相关	鲁	46		鲁钝，孝父	曾点（曾皙）之子。被后世尊为"宗圣"	15章（1.4、1.9、4.15、8.3、8.4、8.5、8.6、8.7、11.18、12.24、14.26、19.16、19.17、19.18、19.19）
	颛孙师	子张	"师"表示众多，"张"表示壮大，名、字相应	陈	47		个性较强	曾从孔子游于陈、蔡。不在孔门十哲之列，但列孔子"四友"（颜回、仲由、子贡、子张）	20章（2.18、2.23、5.19、11.16、11.18、11.20、12.6、12.10、12.14、12.20、14.40、15.6、15.42、17.6、19.1、19.2、19.3、19.15、19.16、20.2）
	司马耕	子牛	语义相关	宋	不详		多言而躁，较情绪化	司马桓魋之弟，为宋国贵族	3章（12.3、12.4、12.5）

批次	姓名	字	名与字的关系	国别	少孔子年龄	四科	特 点	备 注	相关章句
其他5人、年代不可考	公冶长	子长	名、字相同	鲁	32			此人蹲过监狱,孔子认为公冶长是无辜的,把女儿嫁给了他	1章(5.1)
	南宫适	子容	尚不明确	鲁	不详		谨小慎微,善于自保	孔子很喜欢子容,把哥哥的女儿嫁给了他	3章(5.2、11.6、14.5)
	曾点	晳	"点"是黑色,"晳"是白色,语义相反	鲁	不详		在孔子眼中是个"狂士"	曾参之父	1章(11.26)
	公伯寮	子周	"寮"同"缭",与"周"都表示环绕,语义相关	鲁	不详		曾到季孙氏那里搬弄是非,诽谤孔子和子路,可能不是孔子的学生		1章(14.36)
	琴牢	子开或子张	尚不明确	卫	不详				1章(9.7)

以上29位弟子按照涉及章节数目由多至少排序如表1-3。

表1-3 《论语》中出现的29名孔子弟子排序

序号	姓名	字	四科	章句
1	仲由	子路或季路	政事	41章
2	端木赐	子贡	言语	38章
3	颜回	子渊	德行	21章
4	卜商	子夏	文学	20章
5	颛孙师	子张		20章
6	冉求	子有	政事	16章
7	曾参	子舆		15章
8	言偃	子游	文学	8章
9	冉雍	仲弓	德行	7章
10	樊须	子迟		6章
11	公西赤	子华		5章
12	宰予	子我	言语	5章
13	闵损	子骞	德行	4章
14	有若	子有		4章
15	陈亢	子禽		3章
16	司马耕	子牛		3章
17	南宫适	子容		3章
18	冉耕	伯牛	德行	2章
19	高柴	子羔		2章
20	原宪	子思		2章

序号	姓名	字	四科	章句
21	巫马施	子旗		1章
22	颜无繇	路		1章
23	漆雕启	子开		1章
24	宓不齐	子贱		1章
25	澹台灭明	子羽		1章
26	公冶长	子长		1章
27	曾点	晳		1章
28	公伯寮	子周		1章
29	琴牢	子开或子张		1章

　　基于对后世的影响、《论语》相关章句数目和本书篇幅三方面的考量,本书只对仲由(字子路)、端木赐(字子贡)、颜回(字子渊)、曾参(字子舆)这四位弟子进行专题介绍。

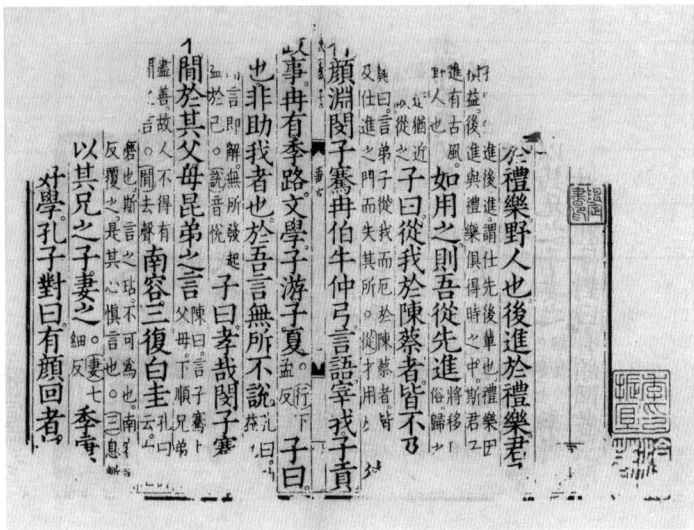

◉ 图1-4　元岳氏荆溪家塾刻本《论语集解》

第二课
仲由(字子路)

一、人物档案

表1-4 仲由的人物档案

姓	仲
名	由
字	子路、季路
国别	鲁
出身	卞之野人
生卒	前542年—前480年(少孔子9岁)
出仕情况	鲁国季氏宰,卫国蒲邑宰,卫国孔悝家宰
封号	卫侯、河内公、卫公

二、形象特征

1. 长于政事

子路比孔子小九岁,是孔门政事科的弟子,他有着丰富而出色的从政经历——孔子仕鲁定公时,子路担任季氏(季桓子)宰;与孔子周游列国时,他担任过卫国蒲邑宰;孔子归鲁后,他与冉有共事季康子,同时在卫国兼任一些职务。

我们都知道,孔子周游列国14年后能回归故国,直接受益于他的学生冉有被召回鲁国受到重用且颇有政绩。然而在孔子看来,子路的政治才能甚至高过冉有。在孔子眼中,子路性格果决,在从政方面没有什么困难。孔子认为冉有可以在拥有千户人口的地方做县长,或在拥有百辆兵车的采邑里做总管;而子路则可以在拥有一千辆兵车的国家管理赋税,掌握军政大权。

> 孟武伯问子路仁乎。子曰:"不知也。"又问。子曰:"由也,千乘之国,可使治其赋也,不知其仁也。"
>
> "求也何如?"子曰:"求也,千室之邑,百乘之家,可使为之宰也,不知其仁也。"
>
> "赤也何如?"子曰:"赤也,束带立于朝,可使与宾客言也,不知其仁也。"(5.8)

> 季康子问:"仲由可使从政也与?"子曰:"由也果,于从政乎何有?"
>
> 曰:"赐也可使从政也与?"曰:"赐也达,于从政乎何有?"
>
> 曰:"求也可使从政也与?"曰:"求也艺,于从政乎何有?"(6.8)

2. 勇武过人

《论语》中形容子路,有这样几个词:"喭"(鲁莽)、"兼人"(一人能顶两人,胆大)、"行行如"(刚强)。这几个词体现了子路刚强勇武的特点。

> 柴也愚,参也鲁,师也辟,由也喭。(11.18)

> 子路问:"闻斯行诸?"子曰:"有父兄在,如之何其闻

58

斯行之?"

　　冉有问:"闻斯行诸?"子曰:"闻斯行之。"

　　公西华曰:"由也问闻斯行诸,子曰,'有父兄在';求也问闻斯行诸,子曰,'闻斯行之'。赤也惑,敢问。"子曰:"求也退,故进之;由也兼人,故退之。"(11.22)

　　闵子侍侧,訚訚如也;子路,行行如也;冉有、子贡,侃侃如也。子乐。"若由也,不得其死然。"(11.13)

　　《史记·仲尼弟子列传》记载:"子路性鄙,好勇力,志伉直,冠雄鸡,佩猳豚,陵暴孔子。"子路性情粗鄙,喜欢逞勇斗力,志气刚强,性格直爽。他曾经头上戴着插着公鸡毛的帽子,腰里别着公猪皮装饰的宝剑,"陵暴孔子"。后来孔子用礼乐慢慢诱导他,子路就穿着儒服,带着礼物,通过孔子弟子的引荐,请求做孔子的学生。

　　孔子是如何慢慢诱导子路的,史书上没有记载,我们可从《论语》中略窥一二。

　　子路曰:"君子尚勇乎?"子曰:"君子义以为上,君子有勇而无义为乱,小人有勇而无义为盗。"(17.23)

　　子曰:"由也! 女闻六言六蔽矣乎?"对曰:"未也。"
　　"居! 吾语女。好仁不好学,其蔽也愚;好知不好学,其蔽也荡;好信不好学,其蔽也贼;好直不好学,其蔽也绞;好勇不好学,其蔽也乱;好刚不好学,其蔽也狂。"(17.8)

当子路问君子是否崇尚勇敢时,孔子教导他:君子以义为最高

59

准则,勇要建立在义的基础之上。当子路怠于学习时,孔子教导他:性格直率却不好学习,就容易有说话尖刻刺人的毛病;性格勇敢却不好学习,就会有捣乱闯祸的毛病;性格刚强却不好学习,就会有胆大妄为的毛病。

孔子周游列国时,子路充分发挥特长,自觉充当保镖来护恩师周全。《孔子家语·困誓》记载:"孔子之宋,匡人简子以甲士围之。子路怒,奋戟将与战。"当然,子路之勇并非一般的逞勇好斗,尤其是加入孔门之后,他的好勇更多的是见义勇为、扶危济困式的正义之勇。

3. 性情中人

子路是个孝子,《说苑·建本》记载子路"常食藜藿之实,而为亲负米百里之外"。子路自己吃野菜,却到百里之外背米侍奉双亲。这一故事在《二十四孝》中亦有记载。

子路与姐姐手足情深,《礼记·檀弓上》记载,姐姐去世后,子路为之服丧,到了除服之日他还未除。孔子便问道:"为何不除服?"子路说:"我的兄弟很少,因此不忍心九个月就除服啊!"颜师古曾称赞子路说:"子路厚于骨肉,虽违礼制,是其仁爱。"

子路十分慷慨大方,他曾说:"愿车马衣轻裘与朋友共,敝之而无憾。"(5.26)颇有江湖豪侠之风。

子路诚信待人。孔子曾说:"片言可以折狱者,其由也与?"(12.12)"子路无宿诺",正是因为子路没有过夜而不兑现的诺言,人们才以诚信报之,哪怕只有诉讼一方的言辞,也都真实可靠,可资断案。

子路不重外在,孔子评价他"衣敝缊袍,与衣狐貉者立,而不耻"(9.27),哪怕穿着破旧衣服站在衣衫华贵者身边,子路也不以为意。

4.卑以自牧

子路不重外在,但在提升内在修养方面则是卑以自牧,不断精进。《论语》记载了子路的八次发问,有两个特点。第一个特点,他问问题一定要问到清楚明白,要不他就会不断追问,比如11.12,问明白了"事鬼神"的事,赶紧问生死的事;又如13.1,他觉得老师的回答"不解渴",还要"请益";再如14.42,孔子每回答一句,他就追一句"如斯而已乎",直到彻底问清楚才罢休。第二个特点,他问的问题大都指向提升内在修养,在他的八次发问中,一次是问鬼神与生死(11.12),两次是问为政(13.1、14.22),剩下五次(13.28、14.12、14.16、14.42、17.23)问的都是与道德修养相关的。

> 季路问事鬼神。子曰:"未能事人,焉能事鬼?"
> 曰:"敢问死。"曰:"未知生,焉知死?"(11.12)

> 子路问政。子曰:"先之劳之。"请益。曰:"无倦。"
> (13.1)

> 子路问事君。子曰:"勿欺也,而犯之。"(14.22)

> 子路问曰:"何如斯可谓之士矣?"子曰:"切切偲偲,
> 怡怡如也,可谓士矣。朋友切切偲偲,兄弟怡怡。"(13.28)

> 子路问成人。子曰:"若臧武仲之知,公绰之不欲,卞
> 庄子之勇,冉求之艺,文之以礼乐,亦可以为成人矣。"曰:
> "今之成人者何必然?见利思义,见危授命,久要不忘平生
> 之言,亦可以为成人矣。"(14.12)

子路曰:"桓公杀公子纠,召忽死之,管仲不死。"曰:"未仁乎?"子曰:"桓公九合诸侯,不以兵车,管仲之力也。如其仁,如其仁。"(14.16)

子路问君子。子曰:"修己以敬。"

曰:"如斯而已乎?"曰:"修己以安人。"

曰:"如斯而已乎?"曰:"修己以安百姓。修己以安百姓,尧、舜其犹病诸?"(14.42)

子路曰:"君子尚勇乎?"子曰:"君子义以为上,君子有勇而无义为乱,小人有勇而无义为盗。"(17.23)

子路因重视而询问士之道、成人之道、仁之道、君子之道,他不只想到、问到,更努力做到。《论语》中说:"子路有闻,未之能行,唯恐有闻。"(5.14)孟子曾评价子路"人告之以有过,则喜"(《孟子·公孙丑上》),并将子路这种闻过则喜的品质与尧、舜比肩。正是这种谦卑自牧、言行合一、闻过则喜的上进精神,使子路由一介赳赳武夫成了流芳百代的政事高才、谦谦君子。

5. 心直口快

阅读《论语》,我们会发现一个有意思的现象,每当孔子与众弟子讨论问题时,子路总是"率尔而对",第一个回答问题,可见子路心直口快的性格特点。

子路的心直口快不仅体现在他一贯的"抢答"作风上,还体现在他无遮无拦、有话直说的真性情上。有一次,孔子当着子路的面夸奖颜回用舍行藏,与自己志同道合。子路当时就不乐意,直接指出孔子"行三军"靠的还得是他子路。

> 子谓颜渊曰:"用之则行,舍之则藏,惟我与尔有是夫!"
>
> 子路曰:"子行三军,则谁与?"
>
> 子曰:"暴虎冯河,死而无悔者,吾不与也。必也临事而惧,好谋而成者也。"(7.11)

不同于颜回这类对孔子之言"无所不悦"的弟子,子路常常质疑老师的观点和行为。周游列国时,孔子一行在陈、蔡之地弹尽粮绝,陷入山穷水尽之境,子路直接"愠见",质问老师:"君子亦有穷乎?"子路好心安排师弟子羔去做费县县长,孔子认为子羔年轻,学业未成,让他从政无异于害他。子路当即回怼:"生活中处处都是学问,为什么只有读书才叫学习?"卫出公欲用孔子,子路问孔子理政思路,孔子回答先要"正名",子路直接怼他:"您也太迂腐了!有啥好正的?"这样的行为表现,在整个孔子学院也就只有子路一人能做得出来。

> 在陈绝粮,从者病,莫能兴。子路愠见曰:"君子亦有穷乎?"子曰:"君子固穷,小人穷斯滥矣。"(15.2)

> 子路使子羔为费宰。子曰:"贼夫人之子。"
>
> 子路曰:"有民人焉,有社稷焉,何必读书,然后为学?"
>
> 子曰:"是故恶夫佞者。"(11.25)

> 子路曰:"卫君待子而为政,子将奚先?"
>
> 子曰:"必也正名乎!"
>
> 子路曰:"有是哉,子之迂也!奚其正?"

子曰:"野哉,由也! 君子于其所不知,盖阙如也。名不正,则言不顺;言不顺,则事不成;事不成,则礼乐不兴;礼乐不兴,则刑罚不中;刑罚不中,则民无所错手足。故君子名之必可言也,言之必可行也。君子于其言,无所苟而已矣。"(13.3)

6. 犯颜直谏

子路就像孔子学院的纪委书记,比孔子小九岁的他,在老师犯了错误时,不给对方任何面子。

孔子的私生活,子路要管。周游列国时,孔子见了卫灵公的宠姬南子,回来之后子路就"不悦",以至孔子不得不指天盟誓,自证清白。孔子的政治路线,子路也要管。在孔子循道弥久,无人任用的时候,鲁国叛臣公山弗扰和晋国叛臣佛肸想让孔子去为他们做事,孔子竟然心动了。多亏子路及时而成功地阻止了他,才避免了孔子声名不保。

子见南子,子路不说。夫子矢之曰:"予所否者,天厌之! 天厌之!"(6.28)

公山弗扰以费畔,召,子欲往。

子路不说,曰:"末之也,已,何必公山氏之之也?"

子曰:"夫召我者,而岂徒哉? 如有用我者,吾其为东周乎?"(17.5)

佛肸召,子欲往。

子路曰:"昔者由也闻诸夫子曰,'亲于其身为不善者,君子不入也'。佛肸以中牟畔,子之往也,如之何?"

子曰："然,有是言也。不曰坚乎,磨而不磷;不曰白乎,涅而不缁。吾岂匏瓜也哉?焉能系而不食?"(17.7)

三、师生关系

孔子与子路的师生关系,可以用"亦师亦友,相爱相杀"来概括。

孔子和子路,一个爱教、会教,一个乐学、笃学,成就了一段教育史上的佳话。面对生性粗鄙、好勇好斗的子路,孔子循循善诱,以"六言六蔽"之理引导他向学除弊、求真务实。对于子路提出的所有问题,孔子都耐心作答。而子路也孜孜以学,"未之能行,唯恐有闻"(5.14),学到一定做到。王充《论衡·率性》中说:"世称子路无恒之庸人,未入孔门时……恶至甚矣。孔子引而教之……卒能政事,序在四科。斯盖变性使恶为善之明效也。"孔子善教,子路好学,二者的共同努力使子路改过迁善,成了孔门政事科的杰出代表。

孔子与子路的关系堪称师生关系的楷模,而九岁的年龄差又使他们相处得像兄弟、朋友一般亲切。《仲尼弟子列传》说:"子路喜从游。"作为加入孔子私学的第一批弟子,子路陪伴了孔子办学、初仕、周游列国、回归故里的整个过程。孔子曾说:"道不行,乘桴浮于海。从我者,其由与?"(5.7)或许,正是这长达几十年的相伴,让他们产生了亦师亦友的特殊情谊。

子路无疑是孔子的诤友。孔子曾说:"自吾得由,恶言不闻于耳。"有人说这是因为子路过于勇猛,导致别人不敢说孔子的坏话,其实不然。正确的解读应该是,因为孔子身边有了子路这样一位逢错必揭的监督者、犯颜直谏的诤友,孔子犯错误的概率大大降低了,如此方才"恶言不闻于耳"。

钱锺书曾对杨绛说:"你觉得吗,孔子最喜欢子路。"杨绛答:"我也有同感。"《论语》中受孔子表扬最多的肯定是颜回,挨骂最多的则是子路。为什么钱锺书夫妇反而说孔子最喜欢的是子路呢?

中国人说"爱之深,责之切",这句话用在孔子与子路身上或许再恰当不过了。孔子听到子路终身朗诵自己表扬他的话,担心子路骄傲怠惰,于是批评子路:"仅仅这样,怎么能算十足的好?"孔子批评子路音乐水平有待提高,又在"门人不敬子路"时适时说子路已经有了很大进步,只是还有进步空间。孔子最担心子路好勇刚强的性格,曾说:"若由也,不得其死然。"很多人以为这是对子路的咒骂或者玩笑,其实,这是孔子对子路未来命运的深切担忧,他太了解子路了,太害怕子路因好勇而发生不测。因此,当子路与颜回"争宠"说自己有"行三军"之能时,孔子骂他不要逞"暴虎冯河,死而无悔"之能。可惜,最后子路还是走向了"不得其死"的悲惨结局,在卫国内乱中被砍成肉酱。《公羊传·哀公十四年》记载,子路死后孔子曰:"噫!天祝予!"这里的"祝"是"断"的意思,可见子路的死对孔子打击之大。

四、思考题

据《史记·仲尼弟子列传》记载,子路死于卫国内乱。当时他以一敌二,尚处优势,但他系冠的缨被对方击断,他遵循礼的要求,认为君子不能没有冠,也不能掉了冠,结果在用手结缨时被敌人杀死。对于子路"结缨而死"的结局,你有什么看法?

阅读材料

子路,姓仲,名由,字子路或季路,春秋末年鲁国人,生于前542年,少孔子9岁。他位列孔门四科之政事科,长于政事。

子曰:"由!诲女知之乎!知之为知之,不知为不知,是知也。"(2.17)

子曰:"道不行,乘桴浮于海。从我者,其由与?"子路闻之喜。子曰:"由也好勇过我,无所取材。"(5.7)

此章一则可见子路对孔子追随之笃,孔子对子路信任之深;二则可见孔子对子路的勇武且褒且贬,有所抑制。

孟武伯问子路仁乎。子曰:"不知也。"又问。子曰:"由也,千乘之国,可使治其赋也,不知其仁也。"
"求也何如?"子曰:"求也,千室之邑,百乘之家,可使为之宰也,不知其仁也。"
"赤也何如?"子曰:"赤也,束带立于朝,可使与宾客言也,不知其仁也。"(5.8)

在孔子看来,子路的从政才能高于同为政事科的冉有。

子路有闻,未之能行,唯恐有闻。(5.14)

可见子路一心向学,而且学了一定实践。

> 颜渊、季路侍。子曰:"盍各言尔志?"
>
> 子路曰:"愿车马衣轻裘与朋友共,敝之而无憾。"
>
> 颜渊曰:"愿无伐善,无施劳。"
>
> 子路曰:"愿闻子之志。"
>
> 子曰:"老者安之,朋友信之,少者怀之。"(5.26)

子路之志颇有豪侠气概。

> 季康子问:"仲由可使从政也与?"子曰:"由也果,于
> 从政乎何有?"
>
> 曰:"赐也可使从政也与?"曰:"赐也达,于从政乎
> 何有?"
>
> 曰:"求也可使从政也与?"曰:"求也艺,于从政乎何
> 有?"(6.8)

> 子见南子,子路不说。夫子矢之曰:"予所否者,天厌
> 之!天厌之!"(6.28)

"万事谁能知究竟,人生最怕是流言。"子路因为老师去见了名声不好的南子而对老师不"爱惜羽毛"的行为十分生气,逼得孔子不得不指天盟誓自证清白。这件事可见子路对老师的犯颜直谏,也可见孔子对弟子的坦诚相待。

> 子谓颜渊曰:"用之则行,舍之则藏,惟我与尔有是夫!"
>
> 子路曰:"子行三军,则谁与?"

子曰："暴虎冯河，死而无悔者，吾不与也。必也临事而惧，好谋而成者也。"（7.11）

孔子又一次"打压"子路的勇。

叶公问孔子于子路，子路不对。子曰："女奚不曰，其为人也，发愤忘食，乐以忘忧，不知老之将至云尔。"（7.19）

子疾病，子路请祷。子曰："有诸？"子路对曰："有之。《诔》曰，'祷尔于上下神祇'。"子曰："丘之祷久矣。"（7.35）

孔子71岁时，听说鲁哀公等人西狩获麟，而麒麟被打死。孔子从马上跌下来，七天七夜不省人事，子路着急而为之祈祷。"丘之祷久矣"可以理解为"我也祷告很久了，但是没有用"。

子疾病，子路使门人为臣。病间，曰："久矣哉，由之行诈也！无臣而为有臣。吾谁欺？欺天乎！且予与其死于臣之手也，无宁死于二三子之手乎！且予纵不得大葬，予死于道路乎？"（9.12）

以上两章可见子路对孔子十分关心、尽心，虽然方式不一定恰当，但其真情切意令人动容。

子曰："衣敝缊袍，与衣狐貉者立，而不耻者，其由也与？'不忮不求，何用不臧？'"子路终身诵之。子曰："是道也，何足以臧？"（9.27）

孔子曾说:"士志于道,而耻恶衣恶食者,未足与议也。"(4.9)子路的言行正体现了这一点。不过,子路不以"衣敝缊袍"为耻,并非全然出于本性,这与孔子对他的教诲密不可分。《荀子·子道》《韩诗外传》《说苑·杂言》共同记载了这样一个故事——子路穿戴华丽去拜见孔子。孔子说:"仲由呀!如此服盛气傲是为了什么呢?长江发源于岷山,它的源头水流浅小,只能浮起酒杯。等到它流到江津渡口时,如果不坐船,不躲避风浪,就不能横渡过去。难道只是因为下游水大的缘故吗?现在你穿得如此华丽,脸上又神气十足,天下的人还有谁肯规劝你呢?"子路听后快步退出,换了衣服进来,穿着像平时一样。孔子说:"仲由,你要记住我告诉你的话。夸夸其谈的人往往华而不实,喜欢表现的人往往自我夸耀,有能力和小聪明就表现出来是小人的作风。君子知道了就说知道,不知道就说不知道,这是说话的要领;会做的就说会做,不会做的就说不会,这是行动的最高准则。说话合乎要领就是明智,行动合乎准则就是仁德。既明智又有仁德,哪里还有不足之处呢?"

> 色斯举矣,翔而后集。曰:"山梁雌雉,时哉时哉!"子路共之,三嗅而作。(10.27)

> 德行:颜渊,闵子骞,冉伯牛,仲弓。言语:宰我,子贡。政事:冉有,季路。文学:子游,子夏。(11.3)

子路极有政治才能。《孔子家语》记载,子路治理蒲邑三年,孔子路过当地,虽未见子路其人,但看到当地百姓勤谨和乐的样子,不禁"三称其善",认为子路"恭敬以信,故其民尽力……

忠信以宽,故其民不偷[1]……明察以断,故其政不扰",并说即便
"三称其善"也说不尽子路为政的优点。

> 季路问事鬼神。子曰:"未能事人,焉能事鬼?"
> 曰:"敢问死。"曰:"未知生,焉知死?"(11.12)

> 闵子侍侧,訚訚如也;子路,行行如也;冉有、子贡,侃
> 侃如也。子乐。"若由也,不得其死然。"(11.13)

> 子曰:"由之瑟奚为于丘之门?"门人不敬子路。子
> 曰:"由也升堂矣,未入于室也。"(11.15)

> 柴也愚,参也鲁,师也辟,由也喭。(11.18)

> 子路问:"闻斯行诸?"子曰:"有父兄在,如之何其闻
> 斯行之?"
> 冉有问:"闻斯行诸?"子曰:"闻斯行之。"
> 公西华曰:"由也问闻斯行诸,子曰,'有父兄在';求
> 也问闻斯行诸,子曰,'闻斯行之'。赤也惑,敢问。"子曰:
> "求也退,故进之;由也兼人,故退之。"(11.22)

以上诸章中,"行行如""喭""兼人"等体现了子路勇武刚直的
性格特点,而孔子则因材施教,对子路采取了"退之"的教育
策略。

---

1 偷,怠惰之意。

季子然问:"仲由、冉求可谓大臣与?"子曰:"吾以子为异之问,曾由与求之问。所谓大臣者,以道事君,不可则止。今由与求也,可谓具臣矣。"

日:"然则从之者与?"子曰:"弑父与君,亦不从也。"
(11.24)

"大臣"之"大"代表人格成就,"具臣"之"具"代表工作能力。孔子肯定了二人的工作能力,但对他们是否合乎"道"不能完全肯定。

子路使子羔为费宰。子曰:"贼夫人之子。"

子路曰:"有民人焉,有社稷焉,何必读书,然后为学?"

子曰:"是故恶夫佞者。"(11.25)

子路之言其实不无道理,生活中"处处留心皆学问",除了读书,学习途径还有很多。孔子本人的学问也不全是靠读书得来的。[1]

子路、曾皙、冉有、公西华侍坐。

子曰:"以吾一日长乎尔,毋吾以也。居则曰:'不吾知也'。如或知尔,则何以哉?"

子路率尔而对曰:"千乘之国,摄乎大国之间,加之以师旅,因之以饥馑;由也为之,比及三年,可使有勇,且知方也。"

夫子哂之。

1　卫公孙朝问于子贡曰:"仲尼焉学?"子贡曰:"文、武之道,未坠于地,在人。贤者识其大者,不贤者识其小者。莫不有文、武之道焉。夫子焉不学?而亦何常师之有?"(19.22)

"求！尔何如？"

对曰："方六七十，如五六十，求也为之，比及三年，可使足民。如其礼乐，以俟君子。"

"赤！尔何如？"

对曰："非曰能之，愿学焉。宗庙之事，如会同，端章甫，愿为小相焉。"

"点！尔何如？"

鼓瑟希，铿尔，舍瑟而作，对曰："异乎三子者之撰。"

子曰："何伤乎？亦各言其志也。"

曰："莫春者，春服既成，冠者五六人，童子六七人，浴乎沂，风乎舞雩，咏而归。"

夫子喟然叹曰："吾与点也！"

三子者出，曾晳后。曾晳曰："夫三子者之言何如？"

子曰："亦各言其志也已矣。"

曰："夫子何哂由也？"

曰："为国以礼，其言不让，是故哂之。"

"唯求则非邦也与？"

"安见方六七十如五六十而非邦也者？"

"唯赤则非邦也与？"

"宗庙会同，非诸侯而何？赤也为之小，孰能为之大？"

（11.26）

老师一提问，子路便不假思索，"率尔而对"。这种一贯的抢先发言的作风、当仁不让的急迫发言的样子，既体现了子路坦荡直率、不掩不藏的率真性格，也体现了他遇事轻率、急躁、自负的性格缺点。"夫子哂之"的"哂"字，向来有争议：有人认为此字当作"微笑"解；有人认为此字当作"嘲笑"解；有人认此字之中非但没有嘲笑意，反而有对爱徒日渐精进的欣慰与赞赏。对这个字，你是怎么理解的呢？

> 子曰："片言可以折狱者，其由也与？"
> 子路无宿诺。(12.12)

子路为人诚实直率，取信于民，别人也不愿欺瞒他。

> 子路问政。子曰："先之劳之。"请益。曰："无倦。"
（13.1）

> 子路曰："卫君待子而为政，子将奚先？"
> 子曰："必也正名乎！"
> 子路曰："有是哉，子之迂也！奚其正？"
> 子曰："野哉，由也！君子于其所不知，盖阙如也。名不正，则言不顺；言不顺，则事不成；事不成，则礼乐不兴；礼乐不兴，则刑罚不中；刑罚不中，则民无所错手足。故君子名之必可言也，言之必可行也。君子于其言，无所苟而已矣。"(13.3)

子路是诸弟子中唯一敢用"迂"字当面批评老师的，可见他性格耿直，也可见他与孔子关系非同一般。其实孔子与子路皆有道理。孔子认为，卫国当时父子争位，朝政混乱，只有解决了蒯聩、卫辄父子二人的名分问题，朝廷政事才有了有序开展的基础。子路则认为务虚不如务实，因此觉得孔子迂腐。

> 子路问曰："何如斯可谓之士矣？"子曰："切切偲偲，

怡怡如也，可谓士矣。朋友切切偲偲，兄弟怡怡。"(13.28)

　　子路问成人。子曰："若臧武仲之知，公绰之不欲，卞庄子之勇，冉求之艺，文之以礼乐，亦可以为成人矣。"曰："今之成人者何必然？见利思义，见危授命，久要不忘平生之言，亦可以为成人矣。"(14.12)

　　子路曰："桓公杀公子纠，召忽死之，管仲不死。"曰："未仁乎？"子曰："桓公九合诸侯，不以兵车，管仲之力也。如其仁，如其仁。"(14.16)

子路此问背后，是他对"忠君"理念的认同。后来他在卫国内乱中本可以逃走却勇敢地参与其中、死于其中，也是对这一理念的践行。

　　子路问事君。子曰："勿欺也，而犯之。"(14.22)

子路个性伉直，一般情况下孔子常采用"退之"之策教育他，这里为什么反而鼓励子路犯颜直谏呢？可参照11.24、11.17、16.1等章理解。

　　公伯寮愬子路于季孙。子服景伯以告，曰："夫子固有惑志于公伯寮，吾力犹能肆诸市朝。"
　　子曰："道之将行也与，命也；道之将废也与，命也。公伯寮其如命何！"(14.36)

　　子路宿于石门。晨门曰："奚自？"子路曰："自孔氏。"

曰："是知其不可而为之者与?"（14.38）

　　子路问君子。子曰："修己以敬。"

　　曰："如斯而已乎?"曰："修己以安人。"

　　曰："如斯而已乎?"曰："修己以安百姓。修己以安百姓,尧、舜其犹病诸?"（14.42）

子路孜孜以求,不断追问,可见其好学、好问。此章可视作孔子乃至儒家"君子"理念之总纲。

　　在陈绝粮,从者病,莫能兴。子路愠见曰："君子亦有穷乎?"子曰："君子固穷,小人穷斯滥矣。"（15.2）

子路"愠见",可见其性格之耿直。孔子的答语中,"君子固穷"当作"君子固于穷"来解,即君子在困厄之时依然能固守道义。

　　子曰："由!知德者鲜矣。"（15.4）

　　季氏将伐颛臾。冉有、季路见于孔子曰："季氏将有事于颛臾。"

　　孔子曰："求!无乃尔是过与?夫颛臾,昔者先王以为东蒙主,且在邦域之中矣,是社稷之臣也。何以伐为?"

　　冉有曰："夫子欲之,吾二臣者皆不欲也。"

　　孔子曰："求!周任有言曰,'陈力就列,不能者止'。危而不持,颠而不扶,则将焉用彼相矣?且尔言过矣,虎兕出于柙,龟玉毁于椟中,是谁之过与?"

　　冉有曰："今夫颛臾,固而近于费。今不取,后世必为子孙忧。"

　　孔子曰："求！君子疾夫舍曰欲之而必为之辞。丘也闻有国有家者，不患寡而患不均，不患贫而患不安。盖均无贫，和无寡，安无倾。夫如是，故远人不服，则修文德以来之。既来之，则安之。今由与求也，相夫子，远人不服，而不能来也；邦分崩离析，而不能守也；而谋动干戈于邦内。吾恐季孙之忧，不在颛臾，而在萧墙之内也。"（16.1）

孔子一针见血地指出，季氏的忧患不在颛臾，而在于萧墙之内（即宫内）的鲁君。成语"祸起萧墙"出自此，但与原文语义有别，意思是指祸乱发生在家里，比喻内部发生祸乱，也比喻身边的人带来灾祸。"无乃尔是过与"的"过"是动词，"尔是过"是以"是"为标志的宾语前置句，"尔是过"即"过尔"，责备你。孔子认为，臣子应当"以道事君，不可则止"（11.24)，应当"勿欺也，而犯之"（14.22)。

　　公山弗扰以费畔，召，子欲往。

　　子路不说，曰："末之也，已，何必公山氏之之也？"

　　子曰："夫召我者，而岂徒哉？如有用我者，吾其为东周乎？"（17.5）

　　佛肸召，子欲往。

　　子路曰："昔者由也闻诸夫子曰，'亲于其身为不善者，君子不入也'。佛肸以中牟畔，子之往也，如之何？"

　　子曰："然，有是言也。不曰坚乎，磨而不磷；不曰白乎，涅而不缁。吾岂匏瓜也哉？焉能系而不食？"（17.7）

以上两章是子路对孔子政治选择的两次规劝乃至匡正，如果没有子路，也许孔子整个人生就要改写了。

> 子曰："由也！女闻六言六蔽矣乎？"对曰："未也。"
> "居！吾语女。好仁不好学，其蔽也愚；好知不好学，其蔽也荡；好信不好学，其蔽也贼；好直不好学，其蔽也绞；好勇不好学，其蔽也乱；好刚不好学，其蔽也狂。"
> （17.8）

孔子知子路质朴刚勇，引导他通过"学"弃恶向善。

> 子路曰："君子尚勇乎？"子曰："君子义以为上，君子有勇而无义为乱，小人有勇而无义为盗。"（17.23）

这里的"君子"指的是社会地位高而且道德品质高的人。

> 长沮、桀溺耦而耕，孔子过之，使子路问津焉。
> 长沮曰："夫执舆者为谁？"
> 子路曰："为孔丘。"
> 曰："是鲁孔丘与？"
> 曰："是也。"
> 曰："是知津矣。"
> 问于桀溺。
> 桀溺曰："子为谁？"
> 曰："为仲由。"
> 曰："是鲁孔丘之徒与？"
> 对曰："然。"

曰:"滔滔者天下皆是也,而谁以易之?且而与其从辟人之士也,岂若从辟世之士哉?"耰而不辍。

子路行以告。

夫子怃然曰:"鸟兽不可与同群,吾非斯人之徒与而谁与?天下有道,丘不与易也。"(18.6)

孔子躲避与他志趣不合的人,离开鲁国到处奔波,因此称之为"辟人之士"。"辟世之士"则指隐士。"是知津矣"是对孔子的嘲讽:你孔丘天天周游列国给人家指点迷津,自己怎么能不知津呢?

子路从而后,遇丈人,以杖荷蓧。

子路问曰:"子见夫子乎?"

丈人曰:"四体不勤,五谷不分。孰为夫子?"植其杖而芸。

子路拱而立。

止子路宿,杀鸡为黍而食之,见其二子焉。

明日,子路行以告。

子曰:"隐者也。"使子路反见之。至,则行矣。

子路曰:"不仕无义。长幼之节,不可废也;君臣之义,如之何其废之?欲洁其身,而乱大伦。君子之仕也,行其义也。道之不行,已知之矣。"(18.7)

子路之叹,一可见子路在孔子教诲之下,已经彻底由当年的"卞之野人"成长为求道、悟道、行道的谦谦君子;二可见孔子师生并非认不清天下无道的现实,并非不知在无道乱世出仕会有污声名,但为了改变无道的天下,他们还是义无反顾地践行道义。

第三课
端木赐（字子贡）

一、人物档案

表1-5 端木赐的人物档案

姓	端木
名	赐
字	子贡
国别	卫
出身	商人
生卒	前520年—前456年（少孔子31岁）
出仕情况	曾出任鲁国和卫国的丞相
封号	黎侯、黎公

二、形象特征

1. 能言善辩

子贡是孔门四科中言语科的代表人物，他最大的特点就是能言善辩。《论语》中评价子贡"侃侃如也"（11.13），该词或译为"安详从容"，或译为"温和快乐"，或译为"滔滔雄辩"，三说皆有道理，此处取第三种理解。

《列子·仲尼》和《孔子家语·六本》载子夏问孔子:"子贡之为人奚若?"《列子·仲尼》中孔子回答说:"赐之辨贤于丘也……赐能辨而不能讷……"《孔子家语·六本》中孔子回答说:"赐之敏贤于丘……赐能敏而不能诎……"由此可见,子贡反应灵敏、能言善辩,连孔子都自叹不如。

子贡之"敏"与"辨"使他在治学、政事、经商方面皆有成就,名气很大,鲁国大夫叔孙武叔甚至在朝堂上说子贡"贤于仲尼"。对此子贡是怎么回复的呢?他用房舍的围墙作喻,说自己的围墙只能及肩,故而人们都能窥见屋舍之美好;而老师孔子的围墙有数仞之高,一般人连门都找不到,无法进去,因而看不到宗庙之美与房舍之富。每当他人毁谤孔子,才思敏捷的子贡总能施展辩才,用恰当的譬喻为恩师辩护——叔孙武叔毁谤孔子,子贡说孔子是毁谤不了的,别的贤人就像丘陵一般可以逾越,而孔子则像日月一般无法逾越,即使有人要自绝于日月,也只能说明这人不自量力,对日月没有损伤;陈子禽质疑孔子是否贤于子贡,子贡回答说孔子是"不可及"的,就像天是不能通过阶梯登上去的一样;南郭惠子批评孔子门下学生多而杂,子贡回答说这样的情况与良医门前多病人、整形器旁多弯木并无二致。

能言善辩是子贡的优点,也是他的缺点。子贡"能辨而不能讷""能敏而不能诎",所以《史记·仲尼弟子列传》中说"子贡利口巧辞,孔子常黜其辩",也算是因材施教吧。

2.好学善问

我们知道,孔子的思想大都是被问出来的,而子贡就是孔子门下最会提问的弟子。

子贡善问,首先在于他所问问题涉及面非常广。子贡问的问题涉及个人道德素养,比如问行为表现(1.15),问士(13.20),

问君子(2.13),问仁(6.30、14.17、15.10),问修身之道(15.24);涉及与人交往,比如问孔子对自己的评价(5.4),问孔子对他人的评价(5.15、11.16),问察人之道(13.24),问交友之道(12.23);在知人论世的基础上,还问孔子的从政意向(9.13),问孔子的政治态度(7.15),问孔子的政治理念(12.7)。子贡提出的这些问题,使我们得以更全面、广泛地了解孔子及其思想理念。

子贡善问,更表现在他提问方式的巧妙上,这使他在老师那里获得了有问必答的特权。《荀子·子道》中记载了这样一个故事——子路问孔子鲁国大夫用洁白的丝绸铺床是否合乎礼,孔子回答说:"我不知道。"率真的子路以为老师无知,而子贡一听就知道了问题所在,于是他换了个问法,不提鲁国大夫,而只问用洁白的丝绸铺床是否合乎礼,孔子十分明确地回答:"不合乎礼。"子贡出来告诉子路:"不是老师无知,是你问的问题不对。按照礼节,住在一个地方,不能非议这里的大夫。"

不光是耿直率真的子路会请子贡代为问问题,连多才多艺、和子贡一样"侃侃如"的冉有也来找子贡帮忙提问。《论语·述而篇》记载,冉有想知道孔子是否赞成卫出公,子贡是怎么问的呢?他没有直接问孔子这个问题,而是问孔子对伯夷、叔齐两人的看法,孔子称赞二人是贤人,子贡于是得出答案:夫子不赞成卫出公。为什么呢?简单来说,伯夷、叔齐两兄弟曾经互让王位,是孔子眼中"礼让为国"的楷模;而卫出公卫辄与其父蒯聩争夺王位,孔子显然不会赞成这种父子相争之举。

由此可见,子贡之所以能问出其他弟子问不出来的内容,是因为他对孔子的道德观念、思想体系、性格特点有着更全面准确的把握。这种把握使子贡不像宰予一样当面跟老师较真,不像子路一样当面跟老师顶嘴,不像樊迟一样总是提老师不喜欢的问题,既能学到老师深刻的思想洞见,又不会像其他弟子一样因提问不当而被老师痛批一顿。

3. 有财有义

子贡是个出色的商人，孔子评价他说："赐不受命，而货殖焉，亿则屡中。"（11.19）可见他深谙经商之道，十分擅长把握商机。《史记·仲尼弟子列传》说他"家累千金"，是孔子最富有的弟子。

子贡有财而不贪财、吝财，他曾问孔子："如有博施于民而能济众，何如？"（6.30）可见他以乐善好施、扶危济困为志。《吕氏春秋·察微》就记载了子贡的一次义举——按照鲁国法律，鲁国人在国外沦为奴隶，若有人能把他们赎出来，则此人可以到国库中报销赎金，而子贡自掏腰包赎人回到鲁国后，却拒绝收国家赔偿金。虽然孔子对子贡此举并不赞成，但子贡这种仗义疏财的精神还是值得称道和敬仰的。

4. 长于外交

如果放在今天，子贡绝对是个妥妥的"斜杠青年"，因为他不仅有求学之智、经商之才，还有经世致用、纵横捭阖之能。孔子曾说："赐也达，于从政乎何有？"（6.8）子贡虽不在政事科，但他为人通达，在从政方面很有建树。《史记·仲尼弟子列传》记载他"常相鲁、卫"，做过两个国家的国相，可见其政治之才绝非一般人可比。子贡的政治影响不只存在于鲁、卫两国，他出色的外交才华曾经影响了五个国家十年国脉。

鲁哀公十一年，齐国的田常想要发动叛乱，他惧怕本国权臣势力，所以想转移他们的军队去攻打鲁国。孔子听说这件事，希望门下弟子挺身而出帮助他的父母之邦。在请求前往救鲁的子路、子张、子石、子贡四位弟子中，孔子否定了前三位而选择了子贡。《史记·仲尼弟子列传》用了约1 800字来讲述这次精彩的外交事件，最终的结果是"子贡一出，存鲁，乱齐,破吴,强晋而霸越。子贡一使,使势相破,十年之中,五国各有变"。

5. 维护恩师

子贡一生维护恩师周全,既维护恩师身体康健,又维护恩师的精神尊严。

孔子周游列国,子贡一路相随,孔子被困陈、蔡,身陷绝境之时,是智勇过人的子贡突破包围前往楚国搬来救兵;鲁国处于危急之中,孔子忧心如焚之时,是长于外交的子贡出使齐、吴、越、晋四国,保护了孔子的父母之国;孔子漂泊许久,暮年思归之时,是细致体贴的子贡安排冉有择机迎回孔子,结束了孔子14年仓皇流浪的困苦生涯;孔子接连遭受弟子辞世的打击,身染重疾之时,是视师如父的子贡前来探视抚慰,堪称床前孝子;孔子溘然长逝,在诸弟子守孝三年而去之后,子贡又继续守了三年……可以说,孔子生前身后的很多关键时刻,子贡都勇担大任,维护恩师周全。

子贡对孔子最大的维护,则是维护孔子的精神尊严。孔子由郁郁不得志的一介老叟变成人人尊崇的圣人,子贡功不可没。

子贡就像孔子学院的新闻发言人,不遗余力地替孔子"答记者问",每一次问答都使孔子的形象更加高大。孔子无论走到哪个国家,总能与闻国政,陈子禽就问:"孔子对别国政事的知晓,是他求来的呢,还是别人主动告诉他的呢?"子贡的回答是:"夫子是靠他的温、良、恭、俭、让五种品德来了解政事的。"这一回答塑造了孔子温润如玉的谦谦君子形象。卫国的公孙朝问子贡:"孔子的学问是在哪里学来的?"子贡的回答是:"周文王、周武王之道,并未失传,还有人能记得。贤能的人记得那些大的方面,不贤的人记得那些小的方面,无处不有文王、武王之道。我的老师何处不学？又为什么要有固定的老师呢？”这一答塑造了孔子虚怀若谷、孜孜好学的学者形象。

遇到那些不理解甚至贬斥孔子之人，子贡常常以精妙绝伦的譬喻反驳对方，既把对方驳得哑口无言，又使恩师孔子更臻圣人之境。这样的例子前文已经提及，此处不再赘述。

孔子曾说：“自吾得赐也，远方之士日至。”（《孔丛子·论书》）正是子贡对恩师之道的推崇、推广，使越来越多的人慕名求教于孔子，使孔子之道走向更宽广的世界。

三、师生关系

1. 孔子之于子贡——长其善而救其失

孔子极具知人之智，对子贡的优点了然于胸，对子贡的缺点亦是洞若观火。

《史记·仲尼弟子列传》说子贡“喜扬人之美，不能匿人之恶”。子贡经常论人之长短，有一次被孔子撞到了，孔子就说：“赐也贤乎哉？夫我则不暇。”（14.29）意思是说：“端木赐你闲得很啊，我就没工夫对人评头论足。”聪明如子贡，自然知道老师所言何意，因而有所收敛与改变。

《孔子家语·弟子行》记载，卫国将军文子向子贡询问孔门诸弟子“其孰为贤”，子贡不再急于评价他人，而是“对以不知”，被追问时又推脱说“难对”，再被追问时又说“不得遍知以告”。这说明子贡已经不再像先前那样喜欢说长道短、臧否人物了。在对方不断请求之下，子贡才介绍了孔门弟子的优点与长处，对每位弟子的评价都十分中肯、准确，事后也得到了孔子的认可。

2. 子贡之于孔子——存其道而扬其名

子贡师从孔子，经历了"轻其道—知其道—行其道—扬其道"的过程。《论衡·讲瑞》中说："子贡事孔子，一年，自谓过孔子；二年，自谓与孔子同；三年，自知不及孔子。当一年、二年之时，未知孔子圣也；三年之后，然乃知之。"一旦认可了夫子之道，子贡便认真地学其道、行其道，而孔子对子贡亦是悉心教导。

　　一般认为，"宗圣"曾子与孔子的一段对话是建构孔子思想体系至关重要的一章——

　　　　子曰："参乎！吾道一以贯之。"曾子曰："唯。"

　　　　子出，门人问曰："何谓也？"曾子曰："夫子之道，忠恕而已矣。"(4.15)

曾子将夫子"一以贯之"之道概括为"忠恕"二字。而事实上，孔子曾欲将"一以贯之"之道传于子贡。

　　　　子曰："赐也，女以予为多学而识之者与？"对曰："然，非与？"曰："非也，予一以贯之。"(15.3)

可惜当时孔子师生一行人正处于陈、蔡绝粮之境，子贡来不及详细向老师请教"一以贯之"之道究竟指什么。聪明好学如子贡，错过了此次机会，便择机再问老师："有一言而可以终身行之者乎？"孔子回答："其恕乎！己所不欲，勿施于人。"(15.24)子贡所问"一言而可以终身行之者"，一定程度上正是孔子"一以贯之"之道。在这里，孔子将"恕"道——不要干什么——告诉了子贡。

　　子贡问："如有博施于民而能济众，何如？可谓仁乎？"孔子回答："何事于仁！必也圣乎！尧、舜其犹病诸！夫仁者，己欲

立而立人，己欲达而达人。能近取譬，可谓仁之方也已。"（6.30）
在这次对话里，孔子既正面阐释了"忠"道——要干什么——
立人达人；又再次提及了"恕"道，因为"能近取譬"就是从近
处取譬，最近莫过自己，其实就暗含了推己及人、将心比心、己
所不欲勿施于人之意。由此可见，孔子"一以贯之"的"忠"与
"恕"的确切内容，事实上都包含在孔子与子贡的对话之中。

聪明上进如子贡，在知道了仁的两大方向后，便以忠恕之
道要求自我。他说："我不欲人之加诸我也，吾亦欲无加诸人。"
（5.12）这正是对"己所不欲，勿施于人"理念的追求。

子贡愈是了解孔子之道，就愈是佩服孔子，尊崇孔子。尽
管孔子坚称自己绝非圣人，但子贡坚定地认为自己的老师就是
"天纵之将圣"（9.6）。他发挥自己的口才与影响力，不遗余力地
宣传夫子之道，不断与批判孔子的人进行斗争，使孔子之名远
扬天下。

孔子临终之际对子贡说："天下无道久矣，莫能宗予。"（《史
记·孔子世家》）恩师的遗恨让子贡心如刀绞，他决定完成老
师的遗愿，广布夫子之道。《史记·货殖列传》中说："夫使孔子
名布扬于天下者，子贡先后之也。"同子贡一道宣扬孔子之道、
孔子之名的，还有宰我、有若。

　　宰我曰："以予观于夫子，贤于尧、舜远矣。"子贡曰：
"见其礼而知其政，闻其乐而知其德。由百世之后，等百世
之王，莫之能违也。自生民以来，未有夫子也。"有若曰：
"岂惟民哉？麒麟之于走兽，凤凰之于飞鸟，太山之于丘
垤，河海之于行潦，类也。圣人之于民，亦类也。出于其
类，拔乎其萃，自生民以来，未有盛于孔子也。"

　　　　　　　　　　　　　　　　　　（《孟子·公孙丑上》）

宰我说，孔子远胜尧、舜；子贡说，孔子之贤空前绝后；有若说，孔子之圣，实乃"生民未有"。以子贡为代表的弟子发起的这场轰轰烈烈的"造圣运动"，对存夫子之道、扬夫子之名发挥了巨大作用。

不过我们要清楚，"造圣"并非一心怀念老师，更不是借抬高老师地位而使自身受益，而是因为"天下无道久矣，莫能宗予"，是以天下为己任来宣扬孔子思想，拯救无道的天下。

四、思考题

子贡问曰："赐也何如？"子曰："女，器也。"曰："何器也？"曰："瑚琏也。"（5.4）

孔子曾用"瑚琏"之器比喻子贡，你认为孔子是在夸赞他还是批评他呢？如果用一个意象来象征子贡，你会选什么呢？

阅读材料

子贡,姓端木,名赐,字子贡,春秋末年卫国人,生于公元前520年,少孔子31岁。他位列孔门四科之言语科,长于经商、外交。

> 子禽问于子贡曰:"夫子至于是邦也,必闻其政,求之与? 抑与之与?"子贡曰:"夫子温、良、恭、俭、让以得之。夫子之求之也,其诸异乎人之求之与?"(1.10)

《孟子》谓子贡"智足以知圣人",司马迁《史记·货殖列传》中说:"夫使孔子名布扬于天下者,子贡先后之也。"子贡十分推崇孔子,且巧言善辩,在树立孔子形象、宣扬孔子思想方面功不可没。

> 子贡曰:"贫而无谄,富而无骄,何如?"子曰:"可也;未若贫而乐,富而好礼者也。"
> 子贡曰:"《诗》云,'如切如磋,如琢如磨',其斯之谓与?"子曰:"赐也,始可与言《诗》已矣,告诸往而知来者。"(1.15)

"贫而无谄,富而无骄"正如骨头、牛角、象牙、玉石一般,本身质地已经很好了;而切、磋、琢、磨则使之好上加好,更臻胜境,即"贫而乐,富而好礼"。

> 子贡问君子。子曰:"先行其言而后从之。"(2.13)

子贡欲去告朔之饩羊。子曰:"赐也! 尔爱其羊,我爱其礼。"(3.17)

子贡认为告朔饩羊之礼形同虚设,不如省去。孔子认为礼虽只剩形式,但有总胜于无,有饩羊之形式,告朔之礼就还有恢复的希望。

子贡问曰:"赐也何如?"子曰:"女,器也。"曰:"何器也?"曰:"瑚琏也。"(5.4)

子谓子贡曰:"女与回也孰愈?"对曰:"赐也何敢望回? 回也闻一以知十,赐也闻一以知二。"子曰:"弗如也;吾与女弗如也。"(5.9)

《史记·仲尼弟子列传》记载:"子贡利口巧辞,孔子常黜其辩。"此为一例。

子贡曰:"我不欲人之加诸我也,吾亦欲无加诸人。"子曰:"赐也,非尔所及也。"(5.12)

子贡谨记老师教诲,知善向善。孔子所言"非尔所及也",应指"非尔所已及",而非"非尔所能及"。此章可与12.2[1]和15.24[2]两章互解。

1　仲弓问仁。子曰:"出门如见大宾,使民如承大祭。己所不欲,勿施于人。在邦无怨,在家无怨。"仲弓曰:"雍虽不敏,请事斯语矣。"
2　子贡问曰:"有一言而可以终身行之者乎?"子曰:"其恕乎! 己所不欲,勿施于人。"

子贡曰:"夫子之文章,可得而闻也;夫子之言性与天道,不可得而闻也。"(5.13)

子贡问曰:"孔文子何以谓之'文'也?"子曰:"敏而好学,不耻下问,是以谓之'文'也。"(5.15)

季康子问:"仲由可使从政也与?"子曰:"由也果,于从政乎何有?"

曰:"赐也可使从政也与?"曰:"赐也达,于从政乎何有?"

曰:"求也可使从政也与?"曰:"求也艺,于从政乎何有?"(6.8)

《史记·仲尼弟子列传》载,子贡"常相鲁、卫",一人之身而为两国之相,可见其从政才能。

子贡曰:"如有博施于民而能济众,何如? 可谓仁乎?"子曰:"何事于仁! 必也圣乎! 尧、舜其犹病诸! 夫仁者,己欲立而立人,己欲达而达人。能近取譬,可谓仁之方也己。"(6.30)

此章暗含忠恕之道,是《论语》中极为重要的一章。被喻为宗圣的曾子曾说:"夫子之道,忠恕而已矣。"(4.15)"己欲立而立人,己欲达而达人"从"应为"的角度阐释了仁之"忠";"能近取譬"即近取自己作比,将心比心,推己及人,"己所不欲,勿施于人",从"不为"的角度翻译了仁之"恕"。

冉有曰:"夫子为卫君乎?"子贡曰:"诺,吾将问之。"

入，曰："伯夷、叔齐何人也？"曰："古之贤人也。"曰："怨乎？"曰："求仁而得仁，又何怨？"

出，曰："夫子不为也。"（7.15）

子贡善问，巧设类比——问得夫子赞成伯夷、叔齐二兄弟相让王位之举，便知夫子不赞成与父亲蒯聩争夺王位的卫君卫辄。

太宰问于子贡曰："夫子圣者与？何其多能也？"子贡曰："固天纵之将圣，又多能也。"

子闻之，曰："太宰知我乎！吾少也贱，故多能鄙事。君子多乎哉？不多也。"（9.6）

子贡曰："有美玉于斯，韫椟而藏诸？求善贾而沽诸？"子曰："沽之哉！沽之哉！我待贾者也。"（9.13）

子贡善问，巧设比喻——用椟中美玉比喻怀才不遇的孔子，询问孔子的从政意向。孔子意会，直接以"我待贾者也"答之。

德行：颜渊，闵子骞，冉伯牛，仲弓。言语：宰我，子贡。政事：冉有，季路。文学：子游，子夏。（11.3）

闵子侍侧，訚訚如也；子路，行行如也；冉有、子贡，侃侃如也。子乐。"若由也，不得其死然。"（11.13）

子贡问："师与商也孰贤？"子曰："师也过，商也不及。"

曰："然则师愈与？"子曰："过犹不及。"（11.16）

子贡善问,层层追问——不满足于一问一答,而是继续思考,继续追问,直到彻底问明白为止。

> 子曰:"回也其庶乎,屡空。赐不受命,而货殖焉,亿则屡中。"(11.19)

子贡极具经商之能,《史记·仲尼弟子列传》中记载他"家累千金",以至于携带束帛厚礼去访问诸侯的他能够与国君分庭抗礼。

> 子贡问政。子曰:"足食,足兵,民信之矣。"
> 子贡曰:"必不得已而去,于斯三者何先?"曰:"去兵。"
> 子贡曰:"必不得已而去,于斯二者何先?"曰:"去食。自古皆有死,民无信不立。"(12.7)

> 棘子成曰:"君子质而已矣,何以文为?"子贡曰:"惜乎,夫子之说君子也!驷不及舌。文犹质也,质犹文也。虎豹之鞟犹犬羊之鞟。"(12.8)

> 子贡问友。子曰:"忠告而善道之,不可则止,毋自辱焉。"(12.23)

> 子贡问曰:"何如斯可谓之士矣?"子曰:"行己有耻,使于四方,不辱君命,可谓士矣。"
> 曰:"敢问其次。"曰:"宗族称孝焉,乡党称弟焉。"
> 曰:"敢问其次。"曰:"言必信,行必果,硁硁然小人

哉! 抑亦可以为次矣。"

　　曰:"今之从政者何如?"子曰:"噫! 斗筲之人,何足算也?"(13.20)

孔子知子贡有外交之才,便以"行己有耻"之德与"使于四方,不辱君命"之才来引导子贡要做德才兼备之士。注意,孔子并不赞同"言必信,行必果"、机械教条地固守诚信,而是主张"君子贞而不谅"(15.37)——坚守正道而不拘泥于讲小信,在特殊情况下要讲究变通,不固守死理。子夏所言"大德不逾闲,小德出入可也"(19.11),亦是此理。

　　子贡问曰:"乡人皆好之,何如?"子曰:"未可也。"
　　"乡人皆恶之,何如?"子曰:"未可也;不如乡人之善者好之,其不善者恶之。"(13.24)

　　子贡曰:"管仲非仁者与? 桓公杀公子纠,不能死,又相之。"子曰:"管仲相桓公,霸诸侯,一匡天下,民到于今受其赐。微管仲,吾其被发左衽矣。岂若匹夫匹妇之为谅也,自经于沟渎而莫之知也?"(14.17)

　　子曰:"君子道者三,我无能焉,仁者不忧,知者不惑,勇者不惧。"子贡曰:"夫子自道也。"(14.28)

　　子贡方人。子曰:"赐也贤乎哉? 夫我则不暇。"(14.29)

《史记·仲尼弟子列传》载,子贡"喜扬人之美,不能匿人之恶"。因此,当子贡"方人"(即"谤人",批评指责别人)时,孔子就用这样的方式来提点和批评子贡。

子曰:"莫我知也夫!"子贡曰:"何为其莫知子也?"子曰:"不怨天,不尤人,下学而上达。知我者其天乎!"(14.35)

子曰:"赐也,女以予为多学而识之者与?"对曰:"然,非与?"曰:"非也,予一以贯之。"(15.3)

子贡问为仁。子曰:"工欲善其事,必先利其器。居是邦也,事其大夫之贤者,友其士之仁者。"(15.10)

子贡问曰:"有一言而可以终身行之者乎?"子曰:"其恕乎!己所不欲,勿施于人。"(15.24)

此章与6.30章合在一起,构成了孔子"仁"学思想的两大方面:忠——"己欲立而立人,己欲达而达人",恕——"己所不欲,勿施于人"。

子曰:"予欲无言。"子贡曰:"子如不言,则小子何述焉?"子曰:"天何言哉?四时行焉,百物生焉,天何言哉?"(17.19)

子贡曰:"君子亦有恶乎?"子曰:"有恶。恶称人之恶者,恶居下流而讪上者,恶勇而无礼者,恶果敢而窒者。"
曰:"赐也亦有恶乎?""恶徼以为知者,恶不孙以为勇者,恶讦以为直者。"(17.24)

子贡此问揭示了孔子并非好好先生、博爱大家。此章与14.34章[1]可互为参照。

> 子贡曰："纣之不善，不如是之甚也。是以君子恶居下流，天下之恶皆归焉。"（19.20）

子贡此言甚有创见：一方面客观公正，批判墙倒众人推、坏人随便骂的炎凉世态；一方面引以为戒，警诫君子要尽力避免做"下流"之事。

> 子贡曰："君子之过也，如日月之食焉。过也，人皆见之；更也，人皆仰之。"（19.21）

> 卫公孙朝问于子贡曰："仲尼焉学？"子贡曰："文、武之道，未坠于地，在人。贤者识其大者，不贤者识其小者。莫不有文、武之道焉。夫子焉不学？而亦何常师之有？"（19.22）

韩愈所云"圣人无常师"大抵源于子贡此语。此章可与7.19章[2]对照，显然，同子路相比，子贡更懂孔子，颇有些孔子学院新闻发言人的意味。下面几章亦可证：

> 叔孙武叔语大夫于朝曰："子贡贤于仲尼。"
> 子服景伯以告子贡。

---

1 或曰："以德报怨，何如？"子曰："何以报德？以直报怨，以德报德。"
2 叶公问孔子于子路，子路不对。子曰："女奚不曰，其为人也，发愤忘食，乐以忘忧，不知老之将至云尔。"

子贡曰："譬之宫墙,赐之墙也及肩,窥见室家之好。夫子之墙数仞,不得其门而入,不见宗庙之美,百官之富。得其门者或寡矣。夫子之云,不亦宜乎!"(19.23)

叔孙武叔毁仲尼。子贡曰："无以为也! 仲尼不可毁也。他人之贤者,丘陵也,犹可逾也;仲尼,日月也,无得而逾焉。人虽欲自绝,其何伤于日月乎? 多见其不知量也。"(19.24)

陈子禽谓子贡曰："子为恭也,仲尼岂贤于子乎?"

子贡曰："君子一言以为知,一言以为不知,言不可不慎。夫子之不可及也,犹天之不可阶而升也。夫子之得邦家者,所谓立之斯立,道之斯行,绥之斯来,动之斯和。其生也荣,其死也哀,如之何其可及也?"(19.25)

以上三章都是子贡维护恩师孔子形象的例子。《荀子》一书中亦有此类记载:

南郭惠子问于子贡曰："夫子之门何其杂也?"子贡曰："君子正身以俟,欲来者不距,欲去者不止。且夫良医之门多病人,檃栝之侧多枉木。是以杂也。"

第四课

颜回（字子渊）

一、人物档案

表1-6 颜回的人物档案

姓	颜
名	回
字	子渊
国别	鲁
出身	平民
生卒	前521年—前481年（少孔子30岁）
出仕情况	终身未仕
封号	兖国公、复圣

二、形象特征

孔门四科中，德行科为首，而颜回则高居德行科之首，可见颜回在孔门地位之高、影响之大。颜回有哪些过人之处呢？

1. 安贫乐道

子曰："贤哉，回也！一箪食，一瓢饮，在陋巷，人不堪

其忧,回也不改其乐。贤哉,回也!"(6.11)

《论语》此章体现了颜回家境贫寒的客观现实,也表现了颜回对贫困生活不以为意,反而自得其乐的精神面貌。颜回"不改其乐",他乐的是什么呢?《庄子·让王》的这段文字里或许藏着答案——

> 孔子谓颜回曰:"回,来!家贫居卑,胡不仕乎?"颜回对曰:"不愿仕。回有郭外之田五十亩,足以给饘粥;郭内之田十亩,足以为丝麻;鼓琴足以自娱;所学夫子之道者足以自乐也。回不愿仕。"
>
> 孔子愀然变容,曰:"善哉,回之意!丘闻之,'知足者,不以利自累也;审自得者,失之而不惧;行修于内者,无位而不怍'。丘诵之久矣,今于回而后见之,是丘之得也。"

颜回说:"所学夫子之道者足以自乐也。"孔子评价颜回"不以利自累","失之而不惧","行修于内","无位而不怍"。颜回用实际行动践行了儒家安贫乐道的精神追求——超越功利性,快乐绝不以物质富足为条件,心灵绝不为外物所羁绊。

2. 好学精进

在孔子眼中,颜回是其最好学的学生,没有之一。

> 哀公问:"弟子孰为好学?"孔子对曰:"有颜回者好学,不迁怒,不贰过。不幸短命死矣。今也则亡,未闻好学者也。"(6.3)

季康子问:"弟子孰为好学?"孔子对曰:"有颜回者好学,不幸短命死矣,今也则亡。"(11.7)

子曰:"语之而不惰者,其回也与!"(9.20)

子谓颜渊曰:"惜乎! 吾见其进也,未见其止也。"(9.21)

颜回的好学首先体现在他勤奋的学习态度上,无论是9.20章中的毫不惰怠地向老师学习,还是9.21章中的坚持不懈、有进无退,都堪称勤奋的标杆与楷模。

颜回的好学还体现在他正确的学习方向上。程颐《颜子所好何学论》说:"颜子所独好者,何学也? 学以至圣人之道也。"何以见得颜回学的是真正的圣人之道呢? 我们来看《论语》中有关孔子论学的两则章句:

子曰:"弟子,入则孝,出则悌,谨而信,泛爱众,而亲仁。行有余力,则以学文。"(1.6)

子曰:"君子食无求饱,居无求安,敏于事而慎于言,就有道而正焉,可谓好学也已。"(1.14)

1.6章中,孝悌、谨慎守信、广爱众人、亲近仁人是学的重点,"行有余力"才学"文";1.14章中,孔子认为安贫乐道、慎言敏行、亲贤匡己是好学的标准。不难看出,孔子所谓好学主要是学为人之道,而不仅是增长知识,孔子的教学以进德为主,以修业为辅。

孔子关于好学的导向如此明确,为什么仅有颜回是他心目中好学的人呢? 我们不妨看看跟颜回构成鲜明对比的其他弟子——

> 子路使子羔为费宰。子曰："贼夫人之子。"
>
> 子路曰："有民人焉，有社稷焉，何必读书，然后为学？"
>
> 子曰："是故恶夫佞者。"（11.25）

> 宰予昼寝。子曰："朽木不可雕也，粪土之墙不可圬
> 也。于予与何诛？"子曰："始吾于人也，听其言而信其行；
> 今吾于人也，听其言而观其行。于予与改是。"（5.10）

> 冉求曰："非不说子之道，力不足也。"子曰："力不足
> 者，中道而废。今女画。"（6.12）

从学习态度上看，11.25章中的子路叫嚣不读书也可以学习，公
然跟老师对着干；5.10章中的宰予偷懒睡觉，言行不一；6.12章
中的冉求干脆停滞不前，主动退学。这样的同学，怎么能跟颜
回比呢？

> 樊迟请学稼。子曰："吾不如老农。"请学为圃。曰：
> "吾不如老圃。"
>
> 樊迟出。子曰："小人哉，樊须也！上好礼，则民莫敢
> 不敬；上好义，则民莫敢不服；上好信，则民莫敢不用情。
> 夫如是，则四方之民襁负其子而至矣，焉用稼？"（13.4）

> 子张学干禄。子曰："多闻阙疑，慎言其余，则寡尤；
> 多见阙殆，慎行其余，则寡悔。言寡尤，行寡悔，禄在其中
> 矣。"（2.18）

从学习方向来看,13.4章里的樊迟学的是种庄稼、种菜这样的雕虫小技,舍道之本而逐技之末;2.18章里的子张干脆直接学求官职得俸禄的方法。这样的追求又怎么比得上颜回"不迁怒,不贰过"且日有精进的道德追求呢?

颜回不仅好学,他还十分会学。

> 子曰:"吾与回言终日,不违,如愚。退而省其私,亦足以发,回也不愚。"(2.9)

> 子谓子贡曰:"女与回也孰愈?"对曰:"赐也何敢望回?回也闻一以知十,赐也闻一以知二。"子曰:"弗如也;吾与女弗如也。"(5.9)

颜回虽然不善言辞,看起来像个"闷葫芦",但实际上他很善于思考,对老师的见解能够很好地发挥,并能做到"举一反十",可谓十分会思考、会学习。

3. 一心向仁

孔子曾这样评价颜回:

> 子曰:"回也,其心三月不违仁,其余则日月至焉而已矣。"(6.7)

这大概是《论语》中孔子对身边人所发出的关于"仁"的最高评价了。要知道,"仁"是孔子之道中极高甚至最高的行为准则,孔子称赞的仁人没有一个是与他生活在同一个时代的,连他自己也向来不敢以仁人自诩,而是说"若圣与仁,则吾岂敢"(7.34)。他从来不会主动说某个弟子是仁的,当别人问及弟子仁不仁时,孔子的回答也常是"不知其仁也"。

> 孟武伯问子路仁乎。子曰:"不知也。"又问。子曰:
> "由也,千乘之国,可使治其赋也,不知其仁也。"
> "求也何如?"子曰:"求也,千室之邑,百乘之家,可使
> 为之宰也,不知其仁也。"
> "赤也何如?"子曰:"赤也,束带立于朝,可使与宾客
> 言也,不知其仁也。"(5.8)

颜回一心向仁,他生怕自己所作所为不合乎仁的标准。先问仁之"纲"(总体方向),再问仁之"目"(具体做法),问清楚了之后,他表示要践行仁的这些标准。

> 颜渊问仁。子曰:"克己复礼为仁。一日克己复礼,天
> 下归仁焉。为仁由己,而由人乎哉?"
> 颜渊曰:"请问其目。"子曰:"非礼勿视,非礼勿听,非
> 礼勿言,非礼勿动。"
> 颜渊曰:"回虽不敏,请事斯语矣。"(12.1)

颜回问清楚了,也确实做到了,他"三月不违仁",长期践行仁的行为标准,所作所为不违背仁。而他的所思所想也诠释着仁——

> 颜渊、季路侍。子曰:"盍各言尔志?"
> 子路曰:"愿车马衣轻裘与朋友共,敝之而无憾。"
> 颜渊曰:"愿无伐善,无施劳。"
> 子路曰:"愿闻子之志。"

子曰："老者安之,朋友信之,少者怀之。"(5.26)

子路的志在于与朋友分享车马衣物,充满豪侠之气。关于颜回之志有两种解读:一说"希望不夸耀自己的长处,不表白自己的功劳",一说"希望天下不要再戕伐好善之人,不要再让人民受苦"。与子路相比,颜回之志显然更近于仁。为什么呢?

子贡曰："如有博施于民而能济众,何如?可谓仁乎?"子曰："何事于仁!必也圣乎!尧、舜其犹病诸!夫仁者,己欲立而立人,己欲达而达人。能近取譬,可谓仁之方也已。"(6.30)

子贡问曰："有一言而可以终身行之者乎?"子曰："其恕乎!己所不欲,勿施于人。"(15.24)

在孔子心目中,仁的底线是能够将心比心、推己及人,"己所不欲,勿施于人",颜回"希望天下不要再戕伐好善之人,不要再让人民受苦"正是其体现。仁的高标是"己欲立而立人,己欲达而达人",颜回"希望不夸耀自己的长处,不表白自己的功劳"的志向显然是超越了"立己""达己"的"立人""达人",境界更高。

三、师生关系

1. 敬师爱徒

从孔子对颜回的一系列赞誉可知,颜回是孔子最爱的学生,没有之一。孔子夸颜回甚至到了不顾及其他弟子感受的地步,比如有一次孔子当着子路的面夸赞只有颜回是能跟自己一样做到用舍行藏的人,惹得子路十分不悦,当场质问孔子行军打仗的时候跟谁一起,场面十分不快。

子谓颜渊曰:"用之则行,舍之则藏,惟我与尔有是夫!"

子路曰:"子行三军,则谁与?"

子曰:"暴虎冯河,死而无悔者,吾不与也。必也临事而惧,好谋而成者也。"(7.11)

孔子毫不掩饰自己对爱徒的喜欢,而颜回也始终追随恩师,从未改变。《论衡·讲瑞》载,少正卯和孔子争夺弟子时,"孔子之门,三盈三虚,唯颜渊不去"。颜回甚至把恩师孔子当成了超级偶像来崇拜——

子曰:"回也非助我者也,于吾言无所不说。"(11.4)

颜渊喟然叹曰:"仰之弥高,钻之弥坚。瞻之在前,忽焉在后。夫子循循然善诱人,博我以文,约我以礼,欲罢不能。既竭吾才,如有所立卓尔。虽欲从之,末由也已。"(9.11)

颜回对孔子之言"无所不说",在他的心目中,孔子之道高深得没有边际,自己穷追不舍,也只能望尘莫及。颜回不善言辞,但9.11章这段夸赞之语几乎能与孔子学院最擅辞令的子贡一较高下。孔子曾经说:"自吾有回,门人益亲。"是啊,有颜回这样一位尊师重教的超级粉丝做表率,其他弟子肯定也更尊重孔子了。

2. 心灵相契

颜回与孔子是有着忘言之契的隔代知音。

颜回身居陋巷箪食瓢饮而不改其乐,孔子说:"饭疏食饮水,曲肱而枕之,乐亦在其中矣。不义而富且贵,于我如浮云。"(7.16)后人常以"孔颜乐处"一词形容儒家追求的精神境界,可见二人共同成了安贫乐道的最佳典范。

颜回好学,而孔子亦是"十室之邑,必有忠信如丘者焉,不如丘之好学也"(5.28)。在好学精进方面,二人都是楷模。

颜回求仁向仁,时刻不违仁,孔子更是以仁为其思想核心,二人思想追求高度一致。"用之则行,舍之则藏,惟我与尔有是夫"一言虽然惹得子路不快,但它确实道出了孔、颜二人的高度契合。

3. 胜似父子

孔子71岁时,爱徒颜回辞世,时年41岁。

颜渊死。子曰:"噫! 天丧予! 天丧予!"(11.9)

颜渊死,子哭之恸。从者曰:"子恸矣!" 曰:"有恸乎? 非夫人之为恸而谁为?"(11.10)

孔子伤心至极,认为这是老天要了他的命。当弟子说孔子太过伤心时,孔子说:"我不为这样的人伤心,还为什么样的人伤心呢?"白发人送黑发人,送的又是自己最爱的弟子,孔子之痛,大概无以复加。

颜回死了,他的父亲颜路、他的同窗好友一样难受,他们坚持要厚葬颜回,孔子不愿意。

颜渊死,颜路请子之车以为之椁。子曰:"才不才,亦各言其子也。鲤也死,有棺而无椁。吾不徒行以为之椁。

以吾从大夫之后，不可徒行也。"（11.8）

颜渊死，门人欲厚葬之。子曰："不可。"

门人厚葬之。子曰："回也视予犹父也，予不得视犹子也。非我也，夫二三子也。"（11.11）

对于以上两章向来是有争议的：孔子那么爱颜回，为什么不能卖了自己的车子给颜回置办棺椁？为什么不允许弟子厚葬颜回呢？简而言之，依礼，颜回的身份不能厚葬，厚葬则违礼；孔子的身价不能"徒行"，"徒行"则违礼。孔子认为颜回视其如父，二人心意相通，违礼厚葬，颜回的在天之灵也会因违背礼节而不安，所以孔子反对。"回也视予犹父也，予不得视犹子也"，二人情同父子，又胜似父子。

四、思考题

颜回为我们留下了无尽的精神宝藏，他安贫乐道的价值追求、好学精进的自我修养、无私忘我的仁爱之心，都有跨时代的不朽价值。不过，看待任何一个历史人物，我们都要秉持质疑的精神，带着批判的眼光，尽可能多角度、全方位地看待。

司马迁在《史记·仲尼弟子列传》中说："学者多称七十子之徒，誉者或过其实，毁者或损其真。"太史公提醒我们，夸奖的可能夸过头了，批评的可能批评错了。此言极有深意——孔子夸得最厉害的人是谁？颜回。

《孟子·公孙丑上》载："宰我、子贡、有若，智足以知圣人，污不至阿其所好。"能够理解圣人之道而又不阿谀奉承、投其所好的，有颜回吗？没有。

再看看《庄子》里这两段话：

夫子步亦步，夫子趋亦趋，夫子驰亦驰，夫子奔逸绝尘，而回瞠若乎后矣。 　　　　　　　　（《庄子·田子方》）

孔子谓颜回曰："回，来！家贫居卑，胡不仕乎？"颜回对曰："不愿仕。回有郭外之田五十亩，足以给饘粥；郭内之田十亩，足以为丝麻；鼓琴足以自娱；所学夫子之道者足以自乐也。回不愿仕。"

孔子愀然变容，曰："善哉，回之意！丘闻之，'知足者，不以利自累也；审自得者，失之而不惧；行修于内者，无位而不怍'。丘诵之久矣，今于回而后见之，是丘之得也。"

　　　　　　　　　　　　　　　　（《庄子·让王》）

亦步亦趋是好是坏？城内城外有六十亩田依然把日子过成箪食瓢饮，是本心还是刻意？

上面这些材料会影响你对颜回的判断吗？为什么？

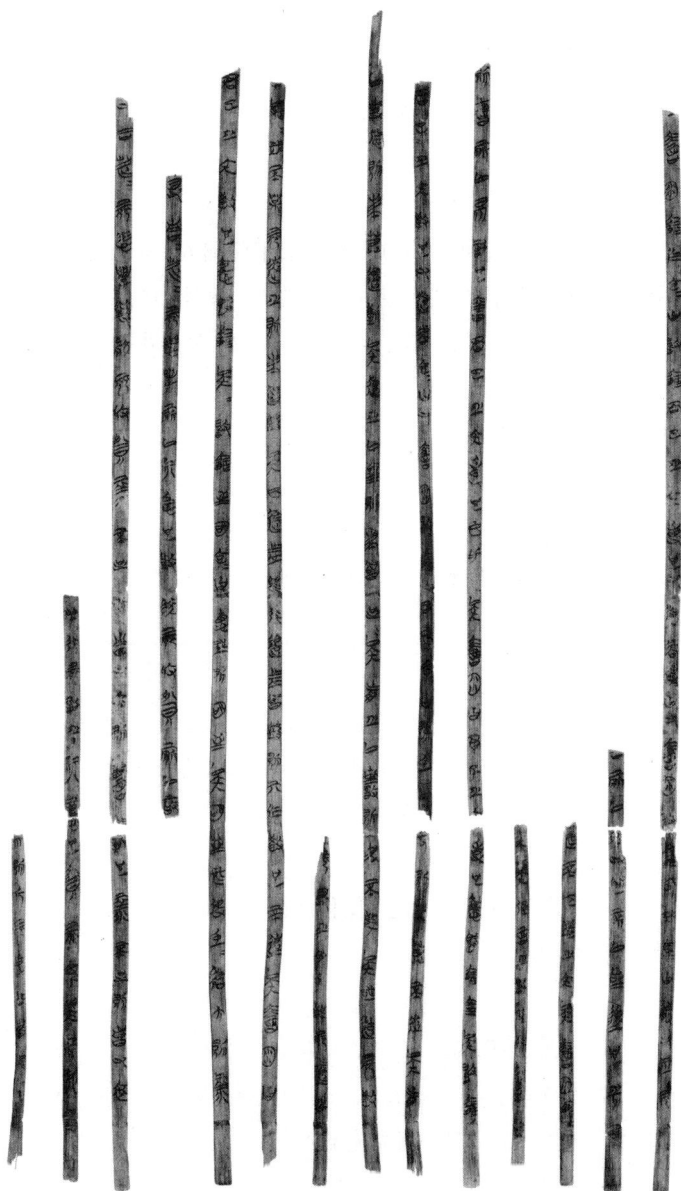

◉ 图1-5　上海博物馆藏战国楚竹书《颜渊问于孔子》

阅读材料

颜回,姓颜,名回,字子渊,春秋末年鲁国人,生于前521年,少孔子30岁。他位列孔门四科之首的德行科,且居德行科之首。他的父亲颜无繇(字路,因而也叫颜路)亦是孔子弟子。

> 子曰:"吾与回言终日,不违,如愚。退而省其私,亦足以发,回也不愚。"(2.9)

此章及5.9章共同体现了颜回聪明、善于对所学知识进行迁移运用的特点。

> 子谓子贡曰:"女与回也孰愈?"对曰:"赐也何敢望回?回也闻一以知十,赐也闻一以知二。"子曰:"弗如也;吾与女弗如也。"(5.9)

"吾与女弗如"有二解:一是"我和你都不如(颜回)",一是"我同意你不如(颜回)"。

> 颜渊、季路侍。子曰:"盍各言尔志?"
> 子路曰:"愿车马衣轻裘与朋友共,敝之而无憾。"
> 颜渊曰:"愿无伐善,无施劳。"
> 子路曰:"愿闻子之志。"
> 子曰:"老者安之,朋友信之,少者怀之。"(5.26)

"无伐善,无施劳"有二解:不夸耀自己的长处,不表白自己的功劳;不戕伐好善之人,不让人民受苦。

> 哀公问:"弟子孰为好学?"孔子对曰:"有颜回者好学,不迁怒,不贰过。不幸短命死矣。今也则亡,未闻好学者也。"(6.3)

《周易·系辞下》载,孔子曾评价颜回"有不善未尝不知,知之未尝复行也",这正是颜回"不贰过"的写照。《孔子家语·弟子行》记载了子贡对颜回的评价,与孔子的评价大致相当——"夫能夙兴夜寐,讽诵崇礼,行不贰过,称言不苟,是颜回之行也。"

> 子曰:"回也,其心三月不违仁,其余则日月至焉而已矣。"(6.7)

> 子曰:"贤哉,回也! 一箪食,一瓢饮,在陋巷,人不堪其忧,回也不改其乐。贤哉,回也!"(6.11)

> 子谓颜渊曰:"用之则行,舍之则藏,惟我与尔有是夫!"
> 子路曰:"子行三军,则谁与?"
> 子曰:"暴虎冯河,死而无悔者,吾不与也。必也临事而惧,好谋而成者也。"(7.11)

> 曾子曰:"以能问于不能,以多问于寡;有若无,实若虚,犯而不校——昔者吾友尝从事于斯矣。"(8.5)

此章虽未提及颜回之名,但多数注释家都认为"吾友"指的是颜回,故收录于此。

> 颜渊喟然叹曰:"仰之弥高,钻之弥坚。瞻之在前,忽焉在后。夫子循循然善诱人,博我以文,约我以礼,欲罢不能。既竭吾才,如有所立卓尔。虽欲从之,末由也已。"(9.11)

> 子曰:"语之而不惰者,其回也与!"(9.20)

> 子谓颜渊曰:"惜乎! 吾见其进也,未见其止也。"(9.21)

此章一方面是夸赞颜回勤奋好学,另一方面为颜回英年早逝而惋惜。

> 德行:颜渊,闵子骞,冉伯牛,仲弓。言语:宰我,子贡。政事:冉有,季路。文学:子游,子夏。(11.3)

> 子曰:"回也非助我者也,于吾言无所不说。"(11.4)

孔子希望弟子向他提问甚至质疑,以便教学相长,比如3.8章中孔子就曾因为卜商向他提问《诗经》的句子而受到启发。结合2.9章可知,颜回表面上对老师"不违,如愚",实际上他还是有自己的思考的。

> 季康子问:"弟子孰为好学?"孔子对曰:"有颜回者好学,不幸短命死矣,今也则亡。"(11.7)

> 颜渊死,颜路请子之车以为之椁。子曰:"才不才,亦

各言其子也。鲤也死，有棺而无椁。吾不徒行以为之椁。以吾从大夫之后，不可徒行也。"（11.8）

颜渊死。子曰："噫！天丧予！天丧予！"（11.9）

颜渊死，子哭之恸。从者曰："子恸矣！"曰："有恸乎？非夫人之为恸而谁为？"（11.10）

颜渊死，门人欲厚葬之。子曰："不可。"
门人厚葬之。子曰："回也视予犹父也，予不得视犹子也。非我也，夫二三子也。"（11.11）

从以上诸章可见孔子与颜回情同父子，颜回死后，孔子悲痛欲绝。然而无论是颜回之父颜路请求孔子卖车为颜回置办外椁，还是门人想要厚葬颜回，孔子都不同意。这并非因为孔子吝于钱财，而是按照颜回的身份地位，依礼不当厚葬。孔子自己坚持如此，并坚信颜回在天之灵也不希望看到老师违礼、自己违礼。

子曰："回也其庶乎，屡空。赐不受命，而货殖焉，亿则屡中。"（11.19）

《庄子·让王》记载了孔子与颜回之间的一段对话：

孔子谓颜回曰："回，来！家贫居卑，胡不仕乎？"颜回对曰："不愿仕。回有郭外之田五十亩，足以给饘粥；郭内之田十亩，足以为丝麻；鼓琴足以自娱；所学夫子之道者足以自乐也。回不愿仕。"

孔子愀然变容，曰："善哉，回之意！丘闻之，'知足者，不以利自累也；审自得者，失之而不惧；行修于内者，无位而不怍'。丘诵之久矣，今于回而后见之，是丘之得也。"

如果此材料有参考价值，再结合颜回与父亲颜路有条件长期跟随孔子读书学习的情况，颜回的出身可能是有一定家产的自由民，并非我们想象的赤贫家庭。

子畏于匡，颜渊后。子曰："吾以女为死矣。"曰："子在，回何敢死？"（11.23）

颜渊问仁。子曰："克己复礼为仁。一日克己复礼，天下归仁焉。为仁由己，而由人乎哉？"

颜渊曰："请问其目。"子曰："非礼勿视，非礼勿听，非礼勿言，非礼勿动。"

颜渊曰："回虽不敏，请事斯语矣。"（12.1）

颜渊问为邦。子曰："行夏之时，乘殷之辂，服周之冕，乐则《韶》《舞》。放郑声，远佞人。郑声淫，佞人殆。"（15.11）

第五课

曾参（字子舆）

一、人物档案

表1-7　曾参的人物档案

姓	曾
名	参
字	子舆
国别	鲁
出身	平民
生卒	前505年—前435年（少孔子46岁）
出仕情况	在莒国、楚国做过官
封号	郕伯、郕国公、宗圣

二、形象特征

曾参不像子路一样勇猛伉直，不像颜回一样"闻一知十"，不像子贡一样能言善辩，不像冉有一样多才多艺，却成为儒家乃至中国文化史上一个承上启下的重要人物。

1. 孝行突出

曾参以孝著称，堪称中华孝文化的首席代表。《史记·仲尼弟子列传》载:"孔子以为(曾参)能通孝道,故授之业。"

曾参之孝在诸多典籍都有记载。《孔子家语》记载,面对齐国的高官厚禄,曾参因父母年老,不忍辞亲远行,断然拒绝。《战国策·燕策》说他"义不离亲一夕宿于外"。《新语·慎微》说他"孝于父母,昏定晨省,调寒温,适轻重,勉之于糜粥之间,行之于衽席之上"。《孟子·尽心下》记载"曾皙嗜羊枣,而曾子不忍食羊枣"——父亲生前不吃,是"有酒食,先生馔",将好吃的留给父亲;父亲死后不吃,是睹物思人,不忍食之。

《孟子·离娄上》将曾参与其子参元的孝行做了比较,我们从中可以窥见曾参与一般孝子的区别。曾参和曾元能都做到每日以酒肉将养父亲,但当撤下剩余饭食时,曾参会请示父亲剩下的给谁吃,而曾元则不会;当父亲问及是否还有余粮时,曾参一定回答"有",而曾元则回答"无"。孟子评价曾元对曾参的孝是"养口体者也",而曾参对曾皙的孝则"可谓养志也"。

我们不妨看看《论语》中孔子论孝的两则章句:

> 子游问孝。子曰:"今之孝者,是谓能养。至于犬马,皆能有养。不敬,何以别乎?"(2.7)

> 子夏问孝。子曰:"色难。有事,弟子服其劳;有酒食,先生馔,曾是以为孝乎?"(2.8)

从以上两章可知,孔子提倡的孝是在"有酒食,先生馔""能养"基础上的能"敬",能够和颜悦色地对待父母。曾参对父亲曾皙"养口体"基础上的"养志",正是对这一孝道理念的践行。《礼记》载,曾子有言:"孝有三,大孝尊亲,其次弗辱,其下能养。"这一观点可谓是对孔子孝道理念的彰显与发扬。

曾子曰："慎终,追远,民德归厚矣。"(1.9)

"慎终"是指谨慎地对待父母的死亡,慎重办理父母的丧事;"追远"指追祭祖先。这一章,曾子由个人孝行想到社会治理。从普通百姓的角度来说,如果社会上人人能对父母善始善终、养生丧死,能不忘祖先恩情,时常追思,民风自然淳厚。从统治者的角度来说,如果统治者能"慎终,追远",自身力行孝道,垂范于民,百姓就会效而仿之,整个社会就会形成"民德归厚矣"的良好精神风貌和社会习气。

综上可见,曾参确实如孔子所言,"能通孝道"——孝行通及双亲"口体"与"心志",孝思通及一己与众生,全面贯彻了孔子的孝道观念。

仅仅一个"能通孝道",就足以让孔子"授之业"了吗?

2. 以仁为任

> 有子曰:"其为人也孝弟,而好犯上者,鲜矣;不好犯上,而好作乱者,未之有也。君子务本,本立而道生。孝弟也者,其为仁之本与!"(1.2)

"孝为仁本"几乎已成了孔子仁学思想中的重要定论。因此,曾参之"通孝道",一定程度上也是他"通仁道"的代名词。

> 曾子曰:"士不可以不弘毅,任重而道远。仁以为己任,不亦重乎?死而后已,不亦远乎?"(8.7)

曾了说:"士不能没有恢宏的气度和刚毅的性格,因为他肩负重任且路途遥远。以实现仁德为自己的责任,这个担子还不沉重吗？直到死时才停止，这个路途还不遥远吗？"仁是孔子思想的核心，也是孔子修养自身、教育弟子的终极方向。孔子向来不敢以仁人自居，也很少以"仁"字评价弟子，连他最喜爱的弟子颜回，获得的也只是"其心三月不违仁"的评价而已。许是因为这个原因，诸弟子问仁的很多，敢说行仁的却很少。曾参在《论语》中只出现了15次，"曝光率"远不及仲由、端木赐、颜回，他却是《论语》中唯一明确提出"仁以为己任"的弟子。他的这一观点不可谓不"惊世骇俗"，学者王蒙甚至就此发出了"遍读《论语》，曾子的调子相当高，至少在词句上，比孔子调门略高"的感叹。曾子的"仁以为己任"，真的只是调门高吗？

我们不妨看看《论语》中曾子论"仁"的其他章句：

曾子曰："君子以文会友，以友辅仁。"（12.24）

曾子说："君子以文章学问聚会朋友，以朋友辅助培养仁德。"孔子教育弟子以进德修业为主，曾子"以文会友"，显然是与朋友共同修业，而"以友辅仁"则比一般进德更有追求。正如钱穆所言，曾子谈交友时"不言辅德而言辅仁，仁者人道，不止于自进己德而已"。曾子交友，不以功利性地提升自我为目的，而是"己欲立而立人，己欲达而达人"，追求与朋友共同进德修业，共同促进仁德。也正因如此，他才会对同窗子张有这样的评论：

曾子曰："堂堂乎张也，难与并为仁矣。"（19.16）

此章略有争议：有人认为，曾子是在批判子张，说他相貌堂堂，外有余而内不足，仁德浅薄；也有人说，曾子是在夸赞子张，说他高不可及，难以与之比肩。无论如何，至少有一点是没有争议的，那就是"难与并为仁"一句显然体现了曾子想要与同窗子张"并为仁"的美好愿望，这与前文我们的分析是一致的。

儒家之仁，向来不止于修身，而是志于在修身的基础上齐家、治国、平天下，以仁义之行、仁义之政惠及天下百姓。

> 孟氏使阳肤为士师，问于曾子。曾子曰："上失其道，民散久矣。如得其情，则哀矜而勿喜！"（19.19）

阳肤，相传是曾子的学生，当他被委任为"士师"[1]时，曾子谆谆教导他："上面当政的人失去了正道，百姓离心离德很久了。如果你了解了百姓因受苦、冤屈而犯法的实情，应当同情、怜悯他们，而不要因判他们罪而沾沾自喜。"此章中，曾子无一句提及仁，却又无一句不言及仁——劝弟子阳肤以"仁者，爱人"之心，体察百姓，关爱百姓；以"己欲立而立人，己欲达而达人"之心，关注民生、民情，而不是个人政绩。

曾子与孔子之间曾有一段对话，是建构孔子仁学体系的重要章句——

> 子曰："参乎！吾道一以贯之。"曾子曰："唯。"
> 子出，门人问曰："何谓也？"曾子曰："夫子之道，忠恕而已矣。"（4.15）

孔子对曾参说："参啊！我的道是由一个基本思想贯穿始终的。"曾子说："是。"孔子出去后，同学们问曾子："这是什么意

---

1 士师，管司法刑狱的长官。

思啊?"曾子说:"老师的道,就是忠恕罢了。"

单读此章,颇为费解,但与其他章句互参,就比较容易看懂了。

> 子贡问曰:"有一言而可以终身行之者乎?"子曰:"其恕乎! 己所不欲,勿施于人。"(15.24)

> 子贡曰:"如有博施于民而能济众,何如? 可谓仁乎?"子曰:"何事于仁! 必也圣乎! 尧、舜其犹病诸! 夫仁者,己欲立而立人,己欲达而达人。能近取譬,可谓仁之方也已。"(6.30)

结合以上两章可知,孔子"一以贯之"的"道"就是仁,曾子所言的"忠"就是"己欲立而立人,己欲达而达人",而"恕"则是"己所不欲,勿施于人"和"能近取譬"——能就近以自己作比,将心比心,推己及人。

回看4.15章,曾参用一个"唯"字回应孔子的"吾道一以贯之",可见师生二人的互知互识与高度默契。仅用"忠恕"二字便高度概括孔子的思想体系,亦可见曾子对仁的见解之言简意足、提纲挈领。

3. 钝学累功,一日三省

孔子曾说"参也鲁"(11.18),意思是说,曾参鲁钝、反应慢、不灵敏。然而,按照北宋程颢和程颐的说法,在颜回死后"终得圣人之道者",恰恰是曾子。后人尊曾子为"宗圣",即是彰显他对孔子思想的正宗传承。为什么这样一个鲁钝之人,却能有超乎他人的成就呢? 程颢和程颐解释说:"曾子之学,诚笃而已。圣门学者,聪明才辩,不为不多,而卒传其道,乃质鲁之人尔。故学以诚实为也……曾子之才鲁,故其学也确,所以能深造乎道也。"可以说,曾参虽"鲁",但他诚心向学,不蔓不枝,反而学得更"确",也更"深"。

曾参曾评价他的好朋友颜回"以能问于不能,以多问于寡;有若无,实若虚,犯而不校"(8.5),而他自己肯定正是以此为榜样和目标的。《大戴礼记》记载曾子的话说:"良贾深藏如虚,君子有盛教如无。"曾子就是这样,虽然天资不敏,但他诚心求学,虚心好学,潜心笃学,最终以鲁钝之资成就"宗圣"之业。

当然,我们还要看到,成就曾子的除了他钝学累功的精神,还有他一日三省的诚恳与慎独。

> 曾子曰:"吾日三省吾身——为人谋而不忠乎?与朋友交而不信乎?传不习乎?"(1.4)

"三省"为多次反省之意,"为人谋而不忠乎"是反思自己是否对长辈或上级尽心竭力,"与朋友交而不信乎"是反思自己是否对平辈、朋友足够诚信,"传不习乎"或是反思自己是否足够好学勤勉或反思自己是否对教导晚辈足够尽心尽责。曾子为人所钦佩的不仅是他一日三省的内容,更是他在不断反省中认识自己,排除私心杂念,形成严格要求自己、不许懈怠的高尚的思想境界。

曾子勤于自省,慎独慎微,慎始慎终。《礼记·檀弓上》记载了曾子临终易箦的故事:曾子弥留之际,病榻之侧的童子突然发现曾子身下是士大夫才能享用的华丽竹席,曾子意识到这一点后,当即要求儿子换掉竹席,结果席还没换完,曾子就与世长辞了。曾子临终易箦,为其一生"礼不逾节"的坚守做了生动的诠释,是道德人格自我完善的典范。

"曾子曰:'十目所视,十手所指,其严乎!'富润屋,德润身,心广体胖。故君子必诚其意。"(《礼记·大学》)大意是说:当独处而无人觉察时,要像有许多眼睛在盯着你、许多人的手在指着你的时候那样,谨慎地使自己的行为符合道德标准。财富可以装饰房屋,品德却可以修养身心,使心胸宽广而身体舒泰安康。所以,品德高尚的人一定要使自己的意念真诚。由此可以看出,曾子的"一日三省"、内外一致、对"仁以为己任"的自觉践行,绝非如苦行僧一般视之为清规戒律,而是诚心诚意,乐在其中,故而能为之不倦、持之不怠。

综上可知,曾子其人,天资鲁钝而生性诚笃,使他学得"确",学得"深",行得"坚",行得"久",无愧后人赠之的"宗圣"桂冠。

三、师生关系

1.孔子对曾参——循循导之,重任委之

前文说过,曾参于学既诚且笃,这是他的优点,可弥补他天资鲁钝之缺憾,亦可保证他学得"确",学得"深";同时也是他的缺点,使他有时陷入抱令守律、不知变通的境地,而孔子,就会因势利导,适时点化他。

《孔子家语·六本》记载,有一天,曾参在瓜田锄草,错把瓜苗锄断了,被父亲曾皙用"大杖"活活打晕。醒来后,他先是关心父亲打他时是否自伤,又弹琴高歌,好让父亲知道自己并无大碍。孔子"闻之而怒",告诉门徒以后不让曾子再进孔门。曾子不知自己错在何处,于是请人询问孔子为什么不见自己。孔子说:"舜是个孝子,父亲叫他时,他总是随叫随到,在父亲要杀他的时候,他却逃跑了。用小棍子打,他就挨着;用大棍子打,

他就逃走。所以，舜的父亲'不犯不父之罪'，而舜也'不失烝烝之孝'。"孔子随后说："若是曾子因为不跑而被父亲打死，那就是陷父亲于不义，岂不就是最大的不孝？而曾子又是天子的子民，若曾子之父杀了曾子，岂不就是犯了大罪？"曾参听后说："我的罪过太大了。"于是到孔子那里去承认错误。

类似的故事在《孝经》中亦有记载：

> 曾子曰："若夫慈爱、恭敬、安亲、扬名，则闻命矣。敢问子从父之令，可谓孝乎？"
>
> 子曰："是何言与！是何言与！昔者天子有争臣七人，虽无道，不失其天下；诸侯有争臣五人，虽无道，不失其国；大夫有争臣五人，虽无道，不失其家；士有争友，则身不离于令名；父有争子，则不陷于不义。故当不义，则子不可以不争于父，臣不可以不争于君。故当不义则争之。从父之令，又焉得为孝乎？"

曾子问孔子："做儿子的完全遵从父亲的命令，就可算是尽孝吗？"孔子回答："有谏净之臣，天子虽遭乱世能保天下，诸侯能保国，卿大夫能保家，士能保全名声。由此推论，父母有讽净之子，可以帮助双亲避免蒙受不仁不义之恶名。所以，在遇到不义的事情时，做儿子的不可以不规劝父亲，做臣子的不可以不劝谏君主。面对父亲的不义言行，就应直言相告，进行劝止。如果一味听从父亲的命令，又怎么称得上是孝呢？"

有了孔子的谆谆教诲，曾子不再坚持从前的愚孝之举。他认识到，父母有过，向其讽谏不仅合乎孝道，而且是孝子应尽之义务。他还进一步提炼出了以义辅亲、"以正致谏"和"微谏不倦"等谏亲原则。

在恩师的悉心教导和自身的不懈努力下，曾子成长为德才兼备的谦谦君子。曾子曾说："可以托六尺之孤，可以寄百里之命，临大节而不可夺也。君子人与？君子人也。"（8.6）他其实就是这样一位堪当大任、值得托付的"君子人"。《大戴礼记·卫将军文子》记载，孔子高度评价曾参："孝，德之始也；弟，德之序也；信，德之厚也；忠，德之正也。参也中夫四德者矣哉！"这样高的评价甚至可与孔子最爱的弟子颜回相比了，可见孔子对曾子品性的认可。正因如此，孔子才在临终之时，将孙子孔伋（字子思）托付给并不富裕的曾参，而曾参也不负恩师嘱托，尽到了对子思的养育与教导之责，为日后子思继承儒道、传道孟子奠定了坚实基础。

2. 曾参对孔子——虔心学其道，尽心传其道

曾参天资鲁钝，天性诚笃，于孔子之学十分虔诚。19.17和19.18两章中，曾子言必称"吾闻诸夫子"；14.26章中，孔子说"不在其位，不谋其政"，曾子便说"君子思不出其位"，这些都是明证。这样的"亦步亦趋"，虽然少了举一反三、闻一知十的机巧，却也使孔子之道有了"真传"。

孔子坚持"述而不作"（7.1），生前未曾著书立说，是中国文化史上的一大憾事。好在有《论语》一书，让我们尚能在零珠散贝之间，窥见孔子光明俊伟的人格与光耀夺目的智慧。编纂《论语》者，曾子及其徒子徒孙必在其列（《论语》中称其为"曾子"，而不是像称呼其他弟子一般直呼其名，便是一证），这是曾子对弘扬恩师之道的重要贡献。

孔子去世后，曾参继承孔门之学，聚徒讲学，成绩斐然。清代学者崔述曾说："圣道之显，多由子贡；圣道之传，多由曾子。子贡之功在当时，曾子之功在后世。"（《洙泗考信录》）《二程语录》甚至说："孔子没，曾子之道日益光大。孔子没，传孔子之道

者,曾子而已。曾子传之子思,子思传之孟子,孟子死,不得其传。至孟子而圣人之道益尊。"可以说,曾参上承孔子之道,下启思孟学派,是儒学传承史上举足轻重的关键人物。

四、思考题

曾参以鲁钝之天资而成宗圣之大业,他的勤勉和自省,哪一项作用更大呢?

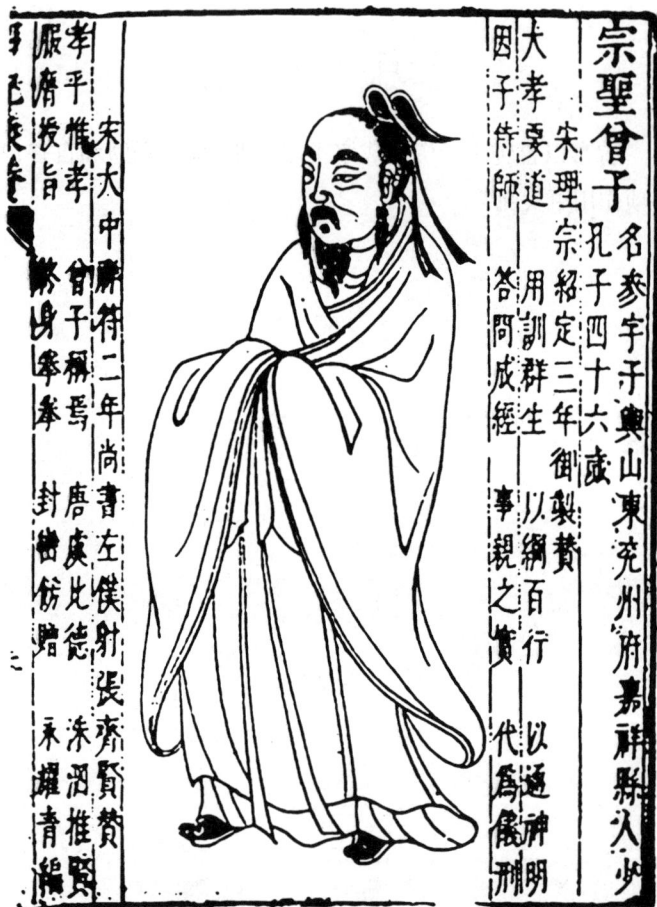

◎ 图1-6 《圣贤像赞》之宗圣曾子

阅读材料

曾参,姓曾,名参,字子舆,春秋末年鲁国人,生于前505年,少孔子46岁,被后世尊为宗圣。他的父亲曾点亦是孔子的弟子。

> 曾子曰:"吾日三省吾身——为人谋而不忠乎? 与朋友交而不信乎? 传不习乎?"(1.4)

> 曾子曰:"慎终,追远,民德归厚矣。"(1.9)

> 子曰:"参乎! 吾道一以贯之。"曾子曰:"唯。"
> 子出,门人问曰:"何谓也?"曾子曰:"夫子之道,忠恕而已矣。"(4.15)

朱熹《论语集注》中说:"尽己之谓忠,推己之谓恕。"

> 曾子有疾,召门弟子曰:"启予足! 启予手!《诗》云,'战战兢兢,如临深渊,如履薄冰'。而今而后,吾知免夫! 小子!"(8.3)

《孝经》开篇即言:"身体发肤,受之父母,不敢毁伤,孝之始也。"曾子一生谨小慎微,生怕自己因刑戮或其他行为伤及身体而承不孝之名,临终之时,终于不用再为此担惊受怕了。

曾子有疾，孟敬子问之。曾子言曰："鸟之将死，其鸣也哀；人之将死，其言也善。君子所贵乎道者三，动容貌，斯远暴慢矣；正颜色，斯近信矣；出辞气，斯远鄙倍矣。笾豆之事，则有司存。"（8.4）

曾子曰："以能问于不能，以多问于寡；有若无，实若虚，犯而不校——昔者吾友尝从事于斯矣。"（8.5）

此章是曾子对其友颜回的夸赞，也是他自身的行为标准。

曾子曰："可以托六尺之孤，可以寄百里之命，临大节而不可夺也。君子人与？君子人也。"（8.6）

曾子曰："士不可以不弘毅，任重而道远。仁以为己任，不亦重乎？死而后已，不亦远乎？"（8.7）

弘，大；毅，强毅。宋儒程颢解说："弘而不毅，则无规矩而难立；毅而不弘，则隘陋而无以居之。"

柴也愚，参也鲁，师也辟，由也喭。（11.18）

曾参之"鲁"当解作鲁钝、迟缓、不灵敏，而非愚笨、智商低。这一点，他后来的成就可证。

曾子曰："君子以文会友，以友辅仁。"（12.24）

子曰："不在其位，不谋其政。"

曾子曰："君子思不出其位。"（14.26）

曾子曰："堂堂乎张也，难与并为仁矣。"（19.16）

曾子曰："吾闻诸夫子，人未有自致者也，必也亲丧乎！"（19.17）

曾子曰："吾闻诸夫子，孟庄子之孝也，其他可能也；其不改父之臣与父之政，是难能也。"（19.18）

与此章有同样见解的，还有两章——"子曰：'父在，观其志；父没，观其行；三年无改于父之道，可谓孝矣。'"（1.11）"子曰：'三年无改于父之道，可谓孝矣。'"（4.20）

对于《论语》中子承父道、不改父道的观点，有人认为孔子所谓"无改于父之道"，是不改变父道之中那些合理的成分；也有人认为，不必为孔子辩解，孔子之意就是字面之意。诗无达诂，《论语》中的不少章句亦无达诂。我们读《论语》的目的不在追究一词一句之训诂，而在于"见贤思齐焉，见不贤而内自省也"。对于《论语》中的孝，我们要学习其中对父母的感恩、尊重，而对于完全服从或不改变父母之道这类愚孝之举，我们自然要批判、规避。

孟氏使阳肤为士师，问于曾子。曾子曰："上失其道，民散久矣。如得其情，则哀矜而勿喜！"（19.19）

129

思想篇

仰之弥高,钻之弥坚

第一讲

教育：学而不厌，诲人不倦

第一课

为学,为之不厌

孔子向来谦卑,他曾说:"若圣与仁,则吾岂敢? 抑为之不厌,诲人不倦,则可谓云尔已矣。"(7.34)他不敢以圣人、仁人自居,但在趋圣达仁的路上,他一生不知满足地鞭策自己,不知疲倦地教育弟子。"善歌者,使人继其声。善教者,使人继其志。"孔子这位"诲人不倦"的"善教者",首先便是"志于学"且"为之不厌"的典范。

一、学习原因

1. 谋个人之发展

孔子曾说:"性相近也,习相远也。"(17.2)人的天生之"性"不可变,且人与人之间差别不大;后天之"习"是可变的,且人与人之间相去较远。无论"习"作"习性"讲还是作"学习"讲,我们都不难得出学习影响甚至决定人一生的发展成就这一结论。

人非生而知之者,每个人都需要学习,子夏曾说:"百工居肆以成其事,君子学以致其道。"(19.7)只有不断学习,才能"成事""致道"。

孔子曾对子路谈及"六言六蔽"之礼——爱好仁德却不爱好学习,会有被人嘲弄的弊病;爱耍聪明却不好学习,会有放荡的弊病;爱好诚实却不好学习,会有被人利用反而伤害自己的弊病;爱好直率却不好学习,会有说话尖刻刺人的弊病;爱好

134

勇敢却不好学习，会有易闯祸闹乱子的弊病；爱好刚强却不好学习，会有狂妄的弊病。仁、智、信、直、勇、刚，都是好的道德品质，但诸事皆有两面性，只有通过学习，才能扬其长而补其短，真正提升个人素养。

2. 安天下之百姓

孔子曾说："君子谋道不谋食。耕也，馁在其中矣；学也，禄在其中矣。君子忧道不忧贫。"（15.32）有人把关注点放在了"学也，禄在其中矣"一句，认为只要学好了，自然不愁高官厚禄。于是有的弟子便以物质追求为出发点去学习，然后"学而优则仕"，仕而优自然衣食无虞。孔子不得不感慨，学习三年之后不去做官谋谷谋食已经是"不易得"了。

这些弟子显然没有抓住孔子思想的精髓。孔子在同一句中还明确说"君子谋道不谋食""君子忧道不忧贫"，"道"才是学习的重心。那么学"道"有何用呢？子游曾听闻孔子说："君子学道则爱人。"（17.4）"爱人"方能在"修己以敬"的基础上"修己以安人""修己以安百姓"（14.42）。

二、学习内容

1. 先德而后文

很多人都对《论语》以下两章有同样的质疑：如此就能称为好学了吗？

> 子曰：君子食无求饱，居无求安，敏于事而慎于言，就有道而正焉，可谓好学也已。（1.14）

> 哀公问："弟子孰为好学？"孔子对曰："有颜回者好

学,不迁怒,不贰过。不幸短命死矣。今也则亡,未闻好学者也。"(6.3)

问题的答案就在于,孔子及其弟子学习的内容是以进修为主、修业为辅。

> 子曰:"弟子,入则孝,出则悌,谨而信,泛爱众,而亲仁。行有余力,则以学文。"(1.6)

诸弟子先要做到孝父尊兄、谨慎守信、友爱众人、亲近仁人,行有余力才去学习各种文献典籍或文化知识。这种先德而后文的理念深得孔子弟子赞同,孔子文学科弟子子夏就曾说:"贤贤易色;事父母,能竭其力;事君,能致其身;与朋友交,言而有信。虽曰未学,吾必谓之学矣。"(1.7)一个人只要具备良好的德行,哪怕他未曾学习,他其实也已经学好了。

2. 重道而轻技

> 樊迟请学稼。子曰:"吾不如老农。"请学为圃。曰:"吾不如老圃。"
>
> 樊迟出。子曰:"小人哉,樊须也!上好礼,则民莫敢不敬;上好义,则民莫敢不服;上好信,则民莫敢不用情。夫如是,则四方之民襁负其子而至矣,焉用稼?"(13.4)

弟子樊迟想向孔子学习种庄稼、种菜,孔子不教他。"劳心者治人,劳力者治于人。"(《孟子·滕文公上》)孔子要培养的是治人的"劳心者",因此他更看重能修己安人的"道",而不是谋谷谋食的"技"。

3. 务实不务虚

> 季路问事鬼神。子曰:"未能事人,焉能事鬼?"
> 曰:"敢问死。"曰:"未知生,焉知死?"(11.12)

子路向孔子请教侍奉鬼神之事,孔子说:"没能把人侍奉好,哪能谈侍奉鬼神呢?"子路又问死是怎么回事,孔子说:"还不知道生的道理,怎么能知道死呢?"孔子引导弟子对鬼神之事存而不论、敬而远之,着眼于现实人生,务实不务虚,这在当时鬼神至上、死者为大的社会是极为难得的。

三、学习态度

1. 笃志勤学

孔子"十有五而志于学"(2.4),是早立求学之志的榜样。

孔子热爱学习,曾说过:"朝闻道,夕死可矣。"(4.8)早上明白知晓了真理,哪怕晚上就死去了也死而无憾,可见他对学习多么热爱,这样的热爱使他在学习上超越了"知之""好之",达到了"乐之"的境界。

孔子争分夺秒地学习,"逝者如斯夫! 不舍昼夜"(9.17)的紧迫感让他格外珍惜时间。他素来不喜患得患失,却常有"学如不及,犹恐失之"(8.17)的忧虑,总觉得学习就像追赶什么而追不上那样,追上了还恐怕再失去它。或许,正是这种紧迫感、焦虑感,使他达到了丰富而辉煌的成就。

孔子孜孜不倦、坚持不懈地学习,以"譬如为山,未成一篑,止,吾止也。譬如平地,虽覆一篑,进,吾往也"(9.19)的精神,力避功亏一篑之憾,力践有志则进之行。

2. 谦虚谨慎

孔子曾教育子路"知之为知之,不知为不知"(2.17),让子路实事求是、客观谨慎地对待学习,不可不懂装懂,自欺欺人。孔子是这样教育子路的,他自己也是这样做的。

> 子曰:"吾有知乎哉? 无知也。有鄙夫问于我,空空如也。我叩其两端而竭焉。"(9.8)

孔子说:"我有知识吗? 没有知识。有个乡下人问我一些问题,我的脑子里仿佛空空的。"博学如孔子,坦诚至此,丝毫不避讳自己的无知,这种虚怀若谷、谦虚坦诚的精神,正与苏格拉底所言"我比别人知道的多,不过是我知道自己的无知"有异曲同工之妙。

3. 精益求精

家累千金的子贡曾经问孔子:"贫穷而不巴结奉承,富裕而不骄傲自大,这怎么样呢?"能做到这样,对于一般人来说,或许已经不易了。孔子却回答说:"这算可以了,不过还不如贫穷依然快乐、富裕依然好礼义的人。"孔子在肯定了子贡所说的行为的基础上,又提出了对贫者、富者的更高要求。这就像玉一样,本身已经质地很好了,再加以雕琢,则会锦上添花。

除了在日常细节中引导弟子精益求精之外,《论语》中有不少层进式的语言也有此意——

> 子曰:"知之者不如好之者,好之者不如乐之者。"(6.20)

> 孔子曰:"生而知之者上也;学而知之者次也;困而学之,又其次也;困而不学,民斯为下矣。"(16.9)

138

子曰："可与共学,未可与适道;可与适道,未可与立;可与立,未可与权。"(9.30)

无论是6.20章中"知之—好之—乐之"三种求知态度的层进,还是16.9章中"生而知之—学而知之—困而学之—困而不学"四种学习境界的渐退,还是9.30章中"共学道—学会道—坚守道—灵活运用道"四种学习能力的渐进,这些层进式的语言,都体现了孔子对精益求精、不断完善自我的要求与引导。

四、学习方法

1. 勤温故

子曰:"学而时习之,不亦说乎?"(1.1)

子曰:"温故而知新,可以为师矣。"(2.11)

孔子主张"学而时习",一则可以在不断实践中更深入、全面地理解、掌握知识,二则可"以智慧启迪智慧",在不断"温故"之中学习和领会新知。

2. 常反省

对于进德为主、修业为辅的孔子及其弟子来说,学习了优秀的品德之后能够做到,是学习的关键。在这方面,孔子自不必言,弟子中"吾日三省吾身"的曾子和"退而省其私,亦足以发"的颜回亦堪称优秀代表。

曾子曰:"吾日三省吾身——为人谋而不忠乎? 与朋

友交而不信乎？传不习乎？"（1.4）

子曰："吾与回言终日，不违，如愚。退而省其私，亦足以发，回也不愚。"（2.9）

3. 学而思

子曰："吾尝终日不食，终夜不寝，以思，无益，不如学也。"（15.31）

子曰："学而不思则罔，思而不学则殆。"（2.15）

子夏曰："博学而笃志，切问而近思，仁在其中矣。"（19.6）

从15.31和2.15两章来看，孔子对学与思关系的理解，似乎经历了由"思不如学"到"学思并进"的转化，弟子子夏的言语证实了这一点。

4. 重实践

孔子十分注重学以致用，他曾拿学《诗》举例说："如果学了《诗》却不能将之运用于处理政事和对外交流，学得再多，又有何用？"

在孔子的影响下，弟子们也注重知行统一、理论与实践结合，子路就是很好的例子——子路听到某一道理，在还没实行的时候，唯恐又听到另一道理。这一方面是子路向善好学的体现，另一方面也说明子路十分注重将所学理论运用于生活实践。他不贪多，但学到的一定要努力做到、做好。

5. 多请教

> 子曰："三人行,必有我师焉。择其善者而从之,其不善者而改之。"(7.22)

> 子曰："吾有知乎哉? 无知也。有鄙夫问于我,空空如也。我叩其两端而竭焉。"(9.8)

> 子入太庙,每事问。或曰："孰谓鄹人之子知礼乎? 入太庙,每事问。"子闻之,曰："是礼也。"(3.15)

孔子认为"三人行,必有我师",他虚怀若谷,勇于承认自己"空空如也"的知识漏洞,只要不懂,便"每事问",当别人讥他无知不懂礼时,孔子理直气壮地说:"这样做,就是礼啊。"是啊,如果不懂,就要谦虚多问,如此方能免于失礼,这正是"知礼"的体现;如果知道了还问,那说明孔子有谦虚、诚敬之心,这也是"知礼"的体现。

> 卫公孙朝问于子贡曰:"仲尼焉学?"子贡曰:"文、武之道,未坠于地,在人。贤者识其大者,不贤者识其小者。莫不有文、武之道焉。夫子焉不学? 而亦何常师之有?"(19.22)

孔子坚持向身边一切人请教,无论是"贤者"还是"不贤者"。他无处不学,无人不问,长此以往,遍集他人之长,尽补自己之短,使他成为当时最为博学的人。

五、辩证思考

1."劳心"与"劳力"

"劳心者治人,劳力者治于人"出自《孟子·滕文公上》,显然受到了孔子重道而轻技理念的影响。孔子的目标是培养"修己以敬"的君子,进而通过"劳心"实现"修己以安人""修己以安百姓"的最终理想。这在衣食难继的乱世极为不易,也可见孔子思想之超前与伟大。不过,这种思想演变到后来,就成了"万般皆下品,唯有读书高"了,十分可惜。

2."进德"与"修业"

"进德"本无错,这与当今教育以立德树人为宗旨一脉相通。不过,"进德为主、修业为辅"就不如"德才兼备、全面发展"更为科学。毕竟,德行科的颜回"不容何病? 不容然后见君子"的名言虽然响亮,但最后化解陈、蔡之围的还是言语科的子贡;德行科的闵子骞虽然孝名远扬,但显然没法跟同为孝子的政事科弟子子路为官造福百姓相提并论。如果人人都只求修德之美名,而不踏踏实实学学本领、想办法,自己都穷得"箪食瓢饮",谁来兼济天下? 社会又何以进步呢?

六、思考题

13.4章中孔子不赞同弟子学稼穑,你如何评价这一行为?

◉ 图2-1 海昏侯墓出土的《论语》竹简

阅读材料

"为人为学当在为师先"，此言形容孔子甚为恰当。孔子少有治学修身之志，长有学思并进之能，老有虚怀若谷之心，终成一代鸿儒，百代宗师。

一、学习原因

> 子曰："古之学者为己，今之学者为人。"（14.24）

孔子提倡为充实自己而读书，而不是为装点门面而读书。

> 子曰："君子谋道不谋食。耕也，馁在其中矣；学也，禄在其中矣。君子忧道不忧贫。"（15.32）

> 子曰："性相近也，习相远也。"（17.2）

孔子此言，意指后天之"习"比先天之"性"更加重要，借此勉人为学，通过学习来提高自身修养。

> 子之武城，闻弦歌之声。夫子莞尔而笑，曰："割鸡焉用牛刀？"
> 子游对曰："昔者偃也闻诸夫子曰，'君子学道则爱人，小人学道则易使也'。"

子曰:"二三子! 偃之言是也。前言戏之耳。"(17.4)

子曰:"由也! 女闻六言六蔽矣乎?"对曰:"未也。"
"居! 吾语女。好仁不好学,其蔽也愚;好知不好学,
其蔽也荡;好信不好学,其蔽也贼;好直不好学,其蔽也绞;
好勇不好学,其蔽也乱;好刚不好学,其蔽也狂。"(17.8)

子夏曰:"百工居肆以成其事,君子学以致其道。"(19.7)

子夏曰:"仕而优则学,学而优则仕。"(19.13)

此章与11.1章可互为参照。"子曰:'先进于礼乐,野人也;后进
于礼乐,君子也。如用之,则吾从先进。'""野人"即社会地位
较低的平民(《论语》中常以"民"或"小人"谓之),这样的人
没有生来就有的官位,要先学习礼乐,进益之后才能"学而优则
仕";"君子"指的是社会地位高的贵族,他们天生高贵,可以世
袭为官之后再"仕而优则学"。

二、学习内容

子曰:"弟子,入则孝,出则悌,谨而信,泛爱众,而亲
仁。行有余力,则以学文。"(1.6)

"行有余力"方"学文",可见孔子治学以进德为主而以修业为辅。

子夏曰:"贤贤易色;事父母,能竭其力;事君,能致其
身;与朋友交,言而有信。虽曰未学,吾必谓之学矣。"(1.7)

子曰："君子食无求饱,居无求安,敏于事而慎于言,就有道而正焉,可谓好学也已。"(1.14)

子曰:"参乎! 吾道一以贯之。"曾子曰:"唯。"

子出,门人问曰:"何谓也?"曾子曰:"夫子之道,忠恕而已矣。"(4.15)

哀公问:"弟子孰为好学?"孔子对曰:"有颜回者好学,不迁怒,不贰过。不幸短命死矣。今也则亡,未闻好学者也。"(6.3)

孔子所谓好学是指致力于修养个人品德,而不仅是增长知识。

三、学习态度

子曰:"君子不重,则不威;学则不固。主忠信。无友不如己者。过,则勿惮改。"(1.8)

子曰:"吾十有五而志于学,三十而立,四十而不惑,五十而知天命,六十而耳顺,七十而从心所欲,不逾矩。"(2.4)

子曰:"由! 诲女知之乎! 知之为知之,不知为不知,是知也。"(2.17)

与孔子同时期的苏格拉底亦有名言:"智慧意味着自知无知。"

子曰:"朝闻道,夕死可矣。"(4.8)

此章一方面可见孔子好学,可与5.28、7.34、8.17三章相互参照;另一方面可见闻道之后便可生顺死安,无复遗恨。

子路有闻,未之能行,唯恐有闻。(5.14)

子贡问曰:"孔文子何以谓之'文'也?"子曰:"敏而好学,不耻下问,是以谓之'文'也。"(5.15)

子曰:"十室之邑,必有忠信如丘者焉,不如丘之好学也。"(5.28)

冉求曰:"非不说子之道,力不足也。"子曰:"力不足者,中道而废。今女画。"(6.12)

子曰:"知之者不如好之者,好之者不如乐之者。"(6.20)

子曰:"默而识之,学而不厌,诲人不倦,何有于我哉?"(7.2)

《孟子·公孙丑上》记载了子贡对此事的看法:"学不厌,智也;教不倦,仁也。仁且智,夫子既圣矣。"

子曰:"若圣与仁,则吾岂敢? 抑为之不厌,诲人不倦,则可谓云尔已矣。"公西华曰:"正唯弟子不能学也。"(7.34)

曾子曰:"以能问于不能,以多问于寡;有若无,实若

147

虚,犯而不校——昔者吾友尝从事于斯矣。"(8.5)

子曰:"学如不及,犹恐失之。"(8.17)

子曰:"譬如为山,未成一篑,止,吾止也。譬如平地,虽覆一篑,进,吾往也。"(9.19)

成语"功亏一篑"出于此。得道与否就看道心坚定与否,能否持之以恒。

"唐棣之华,偏其反而。岂不尔思? 室是远而。"子曰:"未之思也,夫何远之有?"(9.31)

孔子曰:"生而知之者上也;学而知之者次也;困而学之,又其次也;困而不学,民斯为下矣。"(16.9)

子夏曰:"日知其所亡,月无忘其所能,可谓好学也已矣。"(19.5)

"未学"者虚心求之,"已学"者"学而时习之"。

四、学习方法

子曰:"学而时习之,不亦说乎? 有朋自远方来,不亦乐乎? 人不知,而不愠,不亦君子乎?"(1.1)

"学而时习"之"习"可作"实践"讲,可与5.14、13.5两章相参照;亦可作"温习"讲,可与2.11章相参照。

　　子曰:"温故而知新,可以为师矣。"(2.11)

　　曾子曰:"吾日三省吾身——为人谋而不忠乎? 与朋友交而不信乎? 传不习乎?"(1.4)

　　子曰:"吾与回言终日,不违,如愚。退而省其私,亦足以发,回也不愚。"(2.9)

以上两章共言自省对治学至关重要。

　　子曰:"学而不思则罔,思而不学则殆。"(2.15)

　　子曰:"攻乎异端,斯害也已。"(2.16)

此章有三种不同解读:攻读、钻研异端邪说,那就有害了;攻击那些异端邪说,反而招致祸端;攻击那些异端邪说,祸害就没了。你认同哪种呢?

　　子入太庙,每事问。或曰:"孰谓鄹人之子知礼乎? 入太庙,每事问。"子闻之,曰:"是礼也。"(3.15)

　　子曰:"述而不作,信而好古,窃比于我老彭。"(7.1)

　　子曰:"三人行,必有我师焉。择其善者而从之,其不善者而改之。"(7.22)

子曰:"盖有不知而作之者,我无是也。多闻,择其善者而从之;多见而识之;知之次也。"(7.28)

子曰:"吾有知乎哉?无知也。有鄙夫问于我,空空如也。我叩其两端而竭焉。"(9.8)

以上两章言虚心求教。

子曰:"可与共学,未可与适道;可与适道,未可与立;可与立,未可与权。"(9.30)

此章谈及学"道"的几个层次:志于学道—能学会道—坚定守道—灵活运用道。

子张问善人之道。子曰:"不践迹,亦不入于室。"(11.20)

子曰:"诵《诗》三百,授之以政,不达;使于四方,不能专对;虽多,亦奚以为?"(13.5)

子曰:"吾尝终日不食,终夜不寝,以思,无益,不如学也。"(15.31)

卫公孙朝问于子贡曰:"仲尼焉学?"子贡曰:"文、武之道,未坠于地,在人。贤者识其大者,不贤者识其小者。莫不有文、武之道焉。夫子焉不学?而亦何常师之有?"(19.22)

第二课

为师，诲人不倦

孔子一生做得最久、最有成就的事情，是为师。他的教育智慧远超当时，并产生了极为深远的影响。

一、教育目的——内圣外王

孔子求学从教的目的，可以用"修己安人""内圣外王"八个字概括。

梁启超《儒家哲学》说："儒家哲学，范围广博。概括说起来，其用功所在，可以《论语》'修己安人'一语括之。其学问最高目的，可以《庄子》'内圣外王'一语括之。做修己的功夫，做到极处，就是内圣；做安人的功夫，做到极处，就是外王。至于条理次第，以《大学》上说得最简明。《大学》所谓'格物致知诚意正心修身'，就是修己及内圣的功夫；所谓'齐家治国平天下'，就是安人及外王的功夫。"

这样的教育目的背后是孔子伟岸的人格、博大的胸襟，不要说当时无人能及，即使放在今天，也是极高的境界。

二、教育对象——有教无类

西周时期，教育与受教育权均被世袭贵族垄断。东周以后，随着部分世袭贵族没落为平民，知识与文化得以流入民间。

真正打破"学在贵族，学在官府"的教育垄断机制，开私人教育、平民教育之先河者，为先师孔子。

"有教无类"是对孔子教育对象、办学方针的极佳概括。孔子说："自行束脩以上，吾未尝无诲焉。"(7.7)孔子希望所有人都有受教育的机会，只要弟子愿意交上一点"学费"(特别贫困者也可不交，孔子有时甚至还会资助家庭困难的弟子，比如原宪、公西华都受到过孔子的资助)，他都会收入门下，不会因贫富、贵贱、智愚、长幼、亲疏、善恶等"类"的差别而将求教者拒之门外或差别对待。他的弟子中有富商子贡，也有家贫的颜回；有贵族子弟孟懿子，也有"卞之野人"子路；有聪明的四科十哲，也有愚笨的高柴、鲁钝的曾参……无论弟子归属何"类"，孔子都对他们一视同仁，并努力用教育弥合他们先天的差距。

三、教育内容——德育为先

基于修己安人、内圣外王的教育初衷，孔子对学生的教育以德育为先，他将道德修养置于整个教育、教学工作的首位，并将其作为培养人的根本。孔子以"仁"为核心，以"礼"为规范，以"孝悌"为基础，以"忠恕"为一贯，以"中庸"为准绳，形成了包括一切道德在内的伦理观念、道德教育体系，通过这种教育，培养修身、齐家、治国、平天下的君子仁人。

子以四教：文，行，忠，信。(7.25)

在带领弟子学习"行"(行为规范)、"忠"(忠诚老实)、"信"(重诺守信)这些优秀品德之余，他还带着弟子学"文"，比如"六经"(《诗》《书》《礼》《易》《乐》《春秋》)、"六艺"(礼、乐、射、御、书、数)等,通过这种方式对学生进行综合教育。

不过,由于孔子一向主张进德为主、修业为辅,孔子对学生的教育存在着重德轻才、重道轻技的局限。

四、教育方式——言传身教

孔子的"言传"极具魅力。

孔子曾说:"言之无文,行而不远。"孔子十分善喻,常用形象的比喻来讲抽象的道理;孔子长于对比,《论语》中关于"君子"与"小人"的对比尤其突出;孔子惯用反复、排比、层递,既能呈现内容之条理,又能增强表达之语势;孔子善用设问、反问,引发学生思考,启迪学生思想。他妙语连珠的教育语言,极具艺术魅力。

孔子"言传"之魅力不只体现在他的非凡文采上,还体现在他对学生问题的灵活应对上。对于诸弟子所提的问题,他的应答策略因人而异,因势利导,或简问繁答,或直问曲答,或曲问曲答,或同问异答,或问而不答,或反问作答,或追问连答……妙答善导的孔子,以其灵活多样的应答策略,使"言传"之教甚有成效。

孔子亦是"身教"的典范。

子曰:"其身正,不令而行;其身不正,虽令不从。"(13.6)

孔子这句话适用于从政者,亦适用于从教者。孔子要求弟子修身洁行,他自己便以身作则,他曾说:"吾无隐乎尔。吾无行而不与二三子者,是丘也。"(7.24)他对弟子不欺不瞒,胸怀坦荡地向弟子展示自己的行为,心悦诚服地接受弟子的评价乃至批判。《孟子·公孙丑上》说:"以力服人者,非心服也,力不赡也;以德服人者,中心悦而诚服也,如七十子之服孔子也。"孔子以身作则,以德服人,使"身教"与"言传"互为表里,相得益彰。

五、教育原则

1. 因材施教

因材施教的前提是"辨材",即深入了解和研究学生,客观准确地评价学生。孔子对众弟子的品性、资质、优劣了然于心,《论语》中单是直接评价弟子的就有这样几章:

> 季康子问:"仲由可使从政也与?"子曰:"由也果,于从政乎何有?"
> 曰:"赐也可使从政也与?"曰:"赐也达,于从政乎何有?"
> 曰:"求也可使从政也与?"曰:"求也艺,于从政乎何有?"(6.8)

> 柴也愚,参也鲁,师也辟,由也喭。(11.18)

> 子贡问:"师与商也孰贤?"子曰:"师也过,商也不及。"
> 曰:"然则师愈与?"子曰:"过犹不及。"(11.16)

在准确"辨材"的基础上,孔子因材施教,针对学生的特点,采取因人而异的教学策略。

弟子子路和冉有问了孔子同一个问题:"听到了道理马上就行动吗?"孔子对子路的回答是:"父兄俱在,怎么能马上行动呢?"对冉有的回答则是:"听到了就马上行动吧。"同一个问题,何以答案不同呢? 孔子说:"求也退,故进之;由也兼人,故退之。"(11.22)什么意思呢? 冉有做事畏缩不前,所以孔子鼓励他大胆地前进一步;而子路胆大勇为,他一个人的胆量能顶两个人,所以孔子要抑制他、约束他,让他慎重地退后一步。

孔子的因材施教不仅体现在弟子的品性不同则教法不同上,还体现在资质不同则教法不同、年龄不同则教法不同上。孔子根据学生资质的智愚、思想水平的高低,决定与之匹配的教学内容——"中人以上,可以语上也;中人以下,不可以语上也"(6.21),可算是"分层教学"的先驱。针对不同年龄段的学生,孔子的教育方向也有差别——"少之时,血气未定,戒之在色;及其壮也,血气方刚,戒之在斗;及其老也,血气既衰,戒之在得"(16.7)。

《礼记·学记》说:"教也者,长善而救其失者也。"长于"辨材"且能因材施教,成就了孔子这位能够长弟子之善、救弟子之失的善教者。

2. 注重启发

孔子十分注重引导学生思考,他与学生的问答常常文约意丰、引人深思。弟子子贡曾经问孔子:"您眼中的我怎么样?"孔子回答:"你是个器。"子贡追问:"什么器呢?"孔子答:"瑚琏。"这段对话很有意思。我们都知道,孔子主张"君子不器",即君子不能像器具一样。何谓也? 一方面,君子要有"不器"的能力,即具备无所不通的才能;另一方面,君子要有"不器"的胸襟,达到无所不容的境界。孔子以"器"形容子贡,显然有暗示子贡尚未达到君子标准、启发他继续努力之意。那"瑚琏"又是什么呢? 是古代祭祀时盛放粮食用的一种贵重的礼器。结合以上分析,孔子对子贡的评价大概是这样:虽然是个"器",却是"器"中珍贵者,是个好"器";或者反过来,虽然是"器"

中珍贵者，但仍然只是个"器"。到底是夸他还是贬他呢？子贡自己想去吧！

孔子有句名言："不愤不启，不悱不发。举一隅不以三隅反，则不复也。"(7.8)如果弟子不到心求通而未得、口欲言而未能之时，不去启发他；如果弟子不能做到举一反三，不重复去教他。正是这样的原则大大激发了学生的主观能动性，提高了学生的学习效果，教出了"闻一知二"的子贡、"闻一知十"的颜回。

3. 宽严相济

弟子曾评价孔子"温而厉，威而不猛，恭而安"(7.38)，即温厚而严肃，威严而不凶猛，恭谨而安详。这或许是孔子宽严相济的教学给弟子留下的印象吧。

孔子宽厚仁慈，向来不抓着别人的错处不放。互乡这个地方的人很难交谈，因而名声不好，但孔子却接见了那里的一个童子，门人十分疑惑。孔子说："我赞许他向前进，不赞成他向后退。做事何必太过分呢？人家使自己清洁以求进步，我赞许他的清洁，不管他以往的行为。"《左传》说："人谁无过？过而能改，善莫大焉。"既往不咎，赦小过，方能使弟子改过迁善，终成大材。

当弟子犯了原则性错误时，孔子也会疾言厉色地批评弟子。宰我偷偷睡懒觉，惰于学习，而且言行不一，孔子直接骂他"腐烂的木头雕刻不得，粪土似的墙壁粉刷不得"。再比如冉有做权臣季康子的家臣，季康子横征暴敛，违礼僭越，已经比周天子富裕了，冉有还继续帮他敛财，增加他的财富。孔子直接就说："他不是我的门徒了，你们可以敲着鼓去攻打他了！"面对冉有这种为虎作伥的行为，孔子是十分不客气的。

4. 教学相长

《列子·仲尼》载，孔子曾说，颜回之仁贤于他，子贡之辩贤于他，子路之勇贤于他，子张之庄贤于他。在孔子眼里，弟子们各有长处,而且作为年轻人,他们大有潜力。孔子曾经说:"后生可畏,焉知来者之不如今也?"(9.23)他不因自己年长而倚老卖老,不因自己为师而以势压人,而是尊重弟子,秉持真理面前人人平等的理念,鼓励他的学生"当仁,不让于师"(15.36)。亚里士多德说:"吾爱吾师,吾更爱真理。"这与孔子之言可谓异曲同工。或许正是有了这种宽松的言论环境,学生宰我才敢质疑"三年之丧",学生子路才敢说出"何必读书,然后为学"的异见,才敢对孔子的从政取向乃至私人生活提出批评。

孔子经常与弟子在一起论辩切磋,涉及的话题十分广泛,或人生理想、治国安邦,或做人之道、品行修养,或待人处世、言行举止,或求知析理、长进学问。在弟子们有所进益的同时,孔子有时也大有收获。在与弟子子夏讨论《诗经》中"巧笑倩兮,美目盼兮"这句话时,子夏由此想到了仁与礼的关系,孔子大受启发,称赞子夏"起予者商也! 始可与言《诗》已矣"(3.8)。

孔子是了不起的教育家,这是毋庸置疑的。作为教育大家,孔子无一行非教;作为"听课笔记",《论语》无一字非教。教与学的理念贯穿《论语》与孔子思想的始终。读者的目光不应拘泥于选文与导读,而应着眼《论语》全书,进行更为全面的阅读与思考。

六、思考题

子曰:"有教无类。"(15.39)

对于本章有两种解读:不分贵贱贤愚,对各类人都可以进行教育;人原本是"有类"的,即有智与愚、贤与不肖的差别,但通过教育可以消除这些差别。你认可哪种观点?

阅读材料

　　孔子首创私学,打破学在贵族的垄断,开平民教育之先河。他用他的仁心与智慧,培育了三千弟子、七十二贤,留下了道贯古今的教育智慧。

　　　　子曰:"自行束脩以上,吾未尝无诲焉。"(7.7)

本章可与15.39章互解,谓孔子有教无类。亦可与7.8章互解,本章是讲有心学才教,7.8章是讲努力学才教。

　　　　子曰:"不愤不启,不悱不发。举一隅不以三隅反,则不复也。"(7.8)

　　　　子以四教:文,行,忠,信。(7.25)

　　　　互乡难与言,童子见,门人惑。子曰:"与其进也,不与其退也,唯何甚?人洁己以进,与其洁也,不保其往也。"(7.29)

　　　　子曰:"兴于《诗》,立于礼,成于乐。"(8.8)

本章和16.13、17.9两章共同谈及学《诗》、学礼、学乐的重要性。《诗》可兴观群怨,培育道德情感,故曰"兴于《诗》";礼可规约性情,淬炼道德理性,依礼方能立足社会,故曰"立于礼";乐可治心体礼,达到情理交融,在乐中实现自我和谐、与人和谐,故曰"成于乐"。

> 子曰:"吾有知乎哉? 无知也。有鄙夫问于我,空空如也。我叩其两端而竭焉。"(9.8)

> 颜渊喟然叹曰:"仰之弥高,钻之弥坚。瞻之在前,忽焉在后。夫子循循然善诱人,博我以文,约我以礼,欲罢不能。既竭吾才,如有所立卓尔。虽欲从之,末由也已。"(9.11)

> 子曰:"后生可畏,焉知来者之不如今也? 四十、五十而无闻焉,斯亦不足畏也已。"(9.23)

知"后生可畏",才有了教学相长的可能。

> 子路问:"闻斯行诸?"子曰:"有父兄在,如之何其闻斯行之?"
> 冉有问:"闻斯行诸?"子曰:"闻斯行之。"
> 公西华曰:"由也问闻斯行诸,子曰,'有父兄在';求也问闻斯行诸,子曰,'闻斯行之'。赤也惑,敢问。"子曰:"求也退,故进之;由也兼人,故退之。"(11.22)

> 子曰:"有教无类"。(15.39)

> 陈亢问于伯鱼曰:"子亦有异闻乎?"
> 对曰:"未也。尝独立,鲤趋而过庭。曰,'学《诗》

乎'。对曰,'未也'。'不学《诗》,无以言'。鲤退而学《诗》。他日,又独立,鲤趋而过庭。曰,'学礼乎'。对曰,'未也'。'不学礼,无以立'。鲤退而学礼。闻斯二者。"

陈亢退而喜曰:"问一得三,闻《诗》,闻礼,又闻君子之远其子也。"（16.13）

子曰:"小子何莫学夫《诗》?《诗》,可以兴,可以观,可以群,可以怨。迩之事父,远之事君;多识于鸟兽草木之名。"（17.9）

第二讲

伦理: 正心修身, 克己复礼

第一课

君子，修己安人

"君子"一词在《论语》一书中出现了108次，是孔子的伦理思想中极为重要的一个概念。

一、君子的内涵演变

1. 从位不从德

《论语》中有两章极易让人疑惑——

> 子曰："君子而不仁者有矣夫，未有小人而仁者也。"
> （14.6）

> 子路曰："君子尚勇乎？"子曰："君子义以为上，君子有勇而无义为乱，小人有勇而无义为盗。"（17.23）

君子怎么会不仁呢？既然无义了，怎么能被称为君子呢？这与君子的本义有关。

《说文解字》说："君，尊也。从尹，发号。""君"字由表示治事的"尹"和表示发号施令的"口"会意而成，意思是发号施令治理国家。"子"是对男性的尊称。因此，"君子"一词本义是指发号施令治理国家的男子，即君主。"君子"的词义进一步演化，延伸扩大为有权的统治者、有位的贵族，与之相对的被统治者、身份地位低下者,则被称为"小人"。

可见,"君子"一词的本义只关乎地位,不关乎道德。所以,14.6章说君子之中有不仁者,17.23章说君子有勇无义会犯上作乱,都是完全可解的。

以"从位"的标准来看,孔子和他的一众弟子,鲜有生而为君子者,绝大多数是地位低下的小人,少部分是介于二者之间的士。孔子本人是怎样的出身呢?《史记·孔子世家》中有这样一段文字:

> 孔子要绖,季氏飨士,孔子与往。阳虎绌曰:"季氏飨士,非敢飨子也。"孔子由是退。

孔子17岁时,鲁国贵族季氏设宴招待士人,孔子腰间系着孝麻(此时他还在为母守丧)前往参加。季氏的家臣阳虎拒斥他说:"季氏招待士人,不是要招待你的。"孔子于是退了回来。从这个小故事可以看出,孔子以士自居,但在旁人看来,父母双亡、家道中落的他,其实根本算不得士,更不要说君子了。

2. 从位兼从德

《论语》中被孔子赞誉为君子的只有四个人——

> 子谓子贱:"君子哉若人! 鲁无君子者,斯焉取斯?"(5.3)

> 子谓子产:"有君子之道四焉。其行己也恭,其事上也敬,其养民也惠,其使民也义。"(5.16)

> 南宫适问于孔子曰:"羿善射,奡荡舟,俱不得其死然。禹、稷躬稼而有天下。"夫子不答。

南宫适出,子曰:"君子哉若人! 尚德哉若人!"(14.5)

　　子曰:"直哉史鱼! 邦有道,如矢;邦无道,如矢。君子哉蘧伯玉! 邦有道,则仕;邦无道,则可卷而怀之。"(15.7)

阅读以上章句的相关注解,我们会发现四位君子有以下相同之处:都是男性,都关心政治或做过官,都品德优秀。我们不难发现,这里的君子,在"从位"(身居统治者之位)的基础上,还增添了"从德"(具备德行修养)的内涵。

　　君子的内涵大概经历了"完全从位—从德兼从位—完全从德"的改变。这一改变肇始于何时,我们无法确知,但可以确定的是,孔子是这一过程的关键助推者。孔子为什么要给"从位"的君子加上"从德"的内涵呢? 我们都知道,孔子所生活的时代,世袭制完全取代了禅让制,统治者世袭做官,老百姓则"任人宰割",只有统治者品德高尚,老百姓才能平安富足。孔子一生志在恢复周礼,而他周游一生,也没做上几天"从位"意义上的君子。孔子要实现其政治追求和文化理想,只能寄望于这些有地位的贵族君子有道德,正因为这样,孔子才给"君子"一词赋予了强烈的道德色彩。

　　孔子生时,天子式微,诸侯争霸。政治格局的重组一方面让他痛心于礼崩乐坏,另一方面也在事实上为地位低下的小人提供了借助努力成为君子的可能。或许,孔子让君子的内涵发生改变,除了希望有位者能有德之外,其实还抱着有德者能有位的希望。

　　孔子曾说:"先学习礼乐而后做官的,是'野人';先做官而后学习礼乐的人,是'君子'。如果要选用人才,我将选用先学习礼乐的人。"他希望像他自己及众弟子那样出身平凡的人能"先进于礼乐",通过修养品德,"学而优则仕",沿着"修己以敬—修己以安人—修己以安百姓"的理想路径,实现造福万民的理想抱负。

总之,孔子对君子内涵的扩充,无论是希望有位者有德,还是希望有德者有位,都是他心系百姓、忧虑天下的表现。

3. 从德不从位

前文说过,以"从位"的角度来看,孔子显然不是君子,那么,以"从德"的角度来看,孔子是否认为自己是君子呢?

《论语》中有这样两章:

子曰:"文,莫吾犹人也。躬行君子,则吾未之有得。"(7.33)

子曰:"君子道者三,我无能焉,仁者不忧,知者不惑,勇者不惧。"子贡曰:"夫子自道也。"(14.28)

显然,自谦如孔子,是不会大言不惭地自称君子的。从道德水准来看,孔子无疑是君子。在《论语》中,君子之上还有贤人、善人、成人、完人、仁人、圣人等诸多修身境界。我们提到孔子时,往往不称其为君子,而常称之为圣人,这与孔子的博大胸襟、伟岸人格有着必然联系。

孔子之后,君子的概念内涵大多"从德"。虽然道德标准可能因时有变,但用"君子"形容有德之人,用"小人"则形容诮德卑劣之人,已是基本共识。不过在这里,我们要对《论语》中"小人"的内涵再稍做说明。

今之"小人"往往与"卑鄙"共生,体现为奸诈狡猾、口蜜腹剑、损人利己等道德卑劣之行。细读《论语》我们会发现，《论语》中的"小人"虽然都有贬义色彩，但德行并不十分卑劣，在道义层面与今天的"小人"大大有别。孔子所批判的，往往不是"小人"们丧尽天良、一无是处，而是"小人"们的鼠目寸光、不识大体。孔子叮嘱弟子子夏要做"君子儒"而不要做"小人儒"，说的就是这层意思。樊迟向他请教如何种庄稼、种菜，孔子说樊迟是小人。不问是非曲直，一味追求"言必信，行必果"，孔子认为是小人。

二、君子的修身境界

《论语》中的君子，完全"从位"者较少，绝大多数是"从位兼从德"甚至完全"从德"的，他们为我们呈现了修身洁行、提升道德素养等行为准则。除"君子"外，"士""有恒者""善人""贤人""成人"等也是《论语》中关涉修身的重要概念，我们将相关内容统归于此，整体梳理以"君子"为代表的修己、律己者的行为准则。

1.君子当为

不谋财利，安贫乐道。

在孔子看来，"富与贵，是人之所欲"，"贫与贱，是人之所恶"（4.5），但作为君子则不应"喻于利"（4.16），不应以物质追求为目标，要把"不义而富且贵"视作"浮云"（7.16）。君子不仅要"食无求饱，居无求安"（1.14），不耻恶衣恶食，做到"贫而无怨"（14.10），还要"喻于义"（4.16）、"志于道"（4.9），做到身居陋巷而"不改其乐"（6.11）。

不求虚名，自修于内。

孔子提倡"人不知，而不愠"（1.1），"不患人之不己知"

(1.16)，"不病人之不己知"(15.19)。想法被人误解、才华无人赏识，这样的情况可能每个人都会碰到，面对这样的情况，君子不求闻达于外的虚名，而是努力自修于内，增加自己的德行与能力，"求为可知也"(4.14)，成为值得别人认可之人。

关于这一点，有一则章句极易引起疑问乃至误会，这里稍做解释。

子曰："君子疾没世而名不称焉。"(15.20)

孔子既然反复说"人不知，而不愠""不患人之不己知""不病人之不己知"，为什么在这里又说君子担心死后没有好的名声被人称颂呢？其实正如《庄子》所言，"名者，实之宾也"，实至方能名归，君子担心"名不称"，其实是担心自己没有与善名相对应的善行。16.12章就记载了无善行的齐景公生前财势煊赫而死后无人称颂，而饿死于首阳山下的伯夷、叔齐却至今为人称颂。

不违规矩，践行仁义。

孔子说："志于道，据于德，依于仁，游于艺。"(7.6)以道为志向，以德为根据，以仁为凭借，以六艺为活动范围。君子要努力做到处世有道，能够"从心所欲"而又"不逾矩"。与人交往，要遵循交往之道，朋友之间要互相勉励督促，兄弟之间要亲切和气；君子要"成人之美，不成人之恶"(12.16)；救济他人，要"周急不继富"(6.4)。

文天祥《正气歌》说："时穷节乃见，一一垂丹青。"君子不仅在平时处世有道，不违规矩，不行恶举，在极端情况下亦固守气节，践行仁义。陈、蔡绝粮时，子路曾质问孔子："君子也有困厄难行、山穷水尽之时吗？"孔子回答他："是的，君子与小人一样会陷入窘境,所不同者,君子在山穷水尽之时依然能固守仁义,小人陷于此境则可能胡作非为。"这就是君子对仁义的坚守,他们"无终食之间违仁,造次必于是,颠沛必于是"(4.5);他们对于天下的事情,坚持"义之与比"(4.10),以义为原则和准绳。

不避责任,志于担当。

君子要做有志、坚毅、有为之人。君子要志于担当,要"仁以为己任","死而后已"(8.7);君子要能于担当,堪当大任,"可以托六尺之孤,可以寄百里之命"(8.6),能够"行己有耻,使于四方,不辱君命",能够"宗族称孝""乡党称弟"(13.20);君子要毅于担当,做到心胸开阔、意志坚强,做到"临大节而不可夺"(8.6),做到"三军可夺帅也,匹夫不可夺志也"(9.26)。

不欺不瞒,忠诚守信。

孔子曾多次以"忠信"教导弟子。他曾说:"人无诚信正如车无輗軏。车无輗軏不可行于路,人无诚信不可行于世。"他教导他的弟子:"一个人说话忠诚守信,行为敦厚恭敬,即使在偏远的蛮貊地区,也行得通;反之,即使在本乡州里,也是行不通的。"

不说空话,讷言敏行。

孔子以巧言令色、言过其行为耻,他教导弟子"敏于事而慎于言"(1.14),"先行其言而后从之"(2.13),"讷于言而敏于行"(4.24)。毛泽东对这一理念很是赞同,他的两个女儿李敏、李讷的名字正出于此。

不过,今天我们要辩证地看待这一点。不说空话、坦诚待人自无非议,但儒家对君子"讷于言"的要求则有局限。在言行一致的基础上,优秀的语言表达能力在当代社会是加分项,甚至是必需项。

不"野"不"史",文质彬彬。

孔子说:"质胜文则野,文胜质则史。文质彬彬,然后君子。"(6.18)如果一个人内在的质朴胜过外在的文采,就未免粗野;如果一个人外在的文采胜过内在的质朴,就未免浮夸虚伪。只有把外在文采与内在质朴配合恰当,才能成为君子。

孔子一向要求弟子内修仁义,强调内在的质朴自不必说,但有人就想不通为什么还要求外在的文采。有一次,棘子成说:"君子只要质朴就行了,为什么还要那些文采?"子贡回答他说:"文如同质,质如同文,二者同样重要。去掉毛的虎豹皮与去掉毛的犬羊皮,二者没有什么差别了。"

不惰不纵,好学自律。

《论语》中提到,君子"博学于文,约之以礼,亦可以弗畔矣夫"(12.15)。意思是说,君子广泛地学习文化典籍,用礼来约束自己,就可以不离经叛道了。"君子学以致其道"(19.7),广泛地学习可以使人"致其道";而"以约失之者鲜矣"(4.23),严格约束自己,可以让君子在知其道、致其道的基础上,不违其道,践行其道。

不避过错,改过迁善。

人非圣贤,孰能无过? 哪怕是圣贤孔子,有时也会犯错。当别人指出孔子的过错时,孔子非但不生气,反而觉得自己十分幸福。或许,过错之于正确,正如失败之于成功,圣人不避过错,不怕过错,只要知错能改就行。他在《论语》中两次说过"过则勿惮改"(1.8、9.25),还说:"君子的过错就像日食、月食一般,犯了错人们都能看得见,改了错人们都仰望着。"他鼓励弟子勇于改错。过而能改,善莫大焉;有过错而不改正,这才是真正的过错。

不责他人,勤于自省。

孔子说:"君子求诸己,小人求诸人。"(15.21)对于这句话有两种解读:一说是君子要求自己,小人要求别人;一说是君子凡事靠自己,小人凡事靠别人。二说皆有道理,此处我们取前一种理解。现在我们常以薄责于人、厚责于己为美谈,这跟孔子不责于人而只责于己的做法相比,还是差了一截。孔子式的君子,"不怨天,不尤人"(14.35),在没有他人参照时,能够做到"吾日三省吾身"(1.4);在有他人参照时,则能"见贤思齐焉,见不贤而内自省也"(4.17),"见善如不及,见不善如探汤"(16.11)。

2. 君子不为

君子的修身准则中还有各项禁忌,比如"不器""不争""不党""不骄""不费""不忧""不惧""不惑""不猛""不贪""毋意""毋必""毋固""毋我"……由于篇幅所限,这里不再一一展开。要而言之,这些修身禁忌基本就是内违仁义、外违礼节,故而不为君子所取。

三、对儒家君子观念的辩证看待

《论语》中的君子观在无道战乱之时适用吗?在两千五百年后的今天有用吗?全部适用吗?对于孔子的思想,我们既不能全盘接受,也不能全面否定,必须辩证思考,批判学习。

应该说,《论语》中绝大多数修身思想无论于当时还是后世都有普适性,比如君子应当心存仁义、志于担当、忠诚守信、文质彬彬、处世有道、博学自律、善于自省、勇于改过,君子不应骄傲、吝啬、主观臆测、拘泥固执、唯我独尊、贪图财利等等。孔子的君子人格理论确实也有一些问题,比如过分强调君子应"讷于言",过分强调礼让,过分强调"不犯上",过分强调"德"

的标准而忽视"才"的因素。而对于某些观点，比如"君子不器""先行其言而后从之""君子无所争"等等，本身就两说皆可，我们的看法可以见仁见智。

四、思考题

子曰："不在其位，不谋其政。"（8.14）

子曰："不在其位，不谋其政。"
曾子曰："君子思不出其位。"（14.26）

你是否认同孔子倡导的"不在其位，不谋其政"这一观点？为什么？

阅读材料

中国读书人向来以"修身齐家治国平天下"为念,这一理念载于《礼记·大学》,其肇始却是《论语》。本课虽以"君子"命名,但所选内容并不局限于包含"君子"二字的章句,而是将《论语》中涉及修身的内容均囊括其中。

一、修身之综合准则

子曰:"弟子,入则孝,出则悌,谨而信,泛爱众,而亲仁。行有余力,则以学文。"(1.6)

子禽问于子贡曰:"夫子至于是邦也,必闻其政,求之与? 抑与之与?"子贡曰:"夫子温、良、恭、俭、让以得之。夫子之求之也,其诸异乎人之求之与?"(1.10)

子曰:"君子义以为质,礼以行之,孙以出之,信以成之。君子哉!"(15.18)

君子内有仁义的本质,外有符合礼义的行为。

孔子曰:"君子有九思,视思明,听思聪,色思温,貌思恭,言思忠,事思敬,疑思问,忿思难,见得思义。"(16.10)

二、修身之分类准则

1. 不谋财利, 安贫乐道

子曰:"君子食无求饱, 居无求安, 敏于事而慎于言, 就有道而正焉, 可谓好学也已。"(1.14)

结合7.12章可知, 孔子倡导"食无求饱, 居无求安", 并非刻意追求贫苦生活, 而是不以财利为人生追求。

子贡曰:"贫而无谄, 富而无骄, 何如?"子曰:"可也; 未若贫而乐, 富而好礼者也。"

子贡曰:"《诗》云,'如切如磋, 如琢如磨', 其斯之谓与?"子曰:"赐也, 始可与言《诗》已矣, 告诸往而知来者。"(1.15)

"贫而无谄, 富而无骄"的人就像一块璞玉, 而"贫而乐, 富而好礼"的人则如璞玉经过切磋琢磨, 更臻胜境。

子曰:"富与贵, 是人之所欲也; 不以其道得之, 不处也。贫与贱, 是人之所恶也; 不以其道得之, 不去也。君子去仁, 恶乎成名? 君子无终食之间违仁, 造次必于是, 颠沛必于是。"(4.5)

君子亦爱财, 取之要有道。

子曰:"士志于道,而耻恶衣恶食者,未足与议也。"(4.9)

孔子希望士不以一己之富贵为念,而以天下大道为追求,为了求道行道,甘愿做出个人牺牲。

子曰:"贤哉,回也! 一箪食,一瓢饮,在陋巷,人不堪其忧,回也不改其乐。贤哉,回也!"(6.11)

子曰:"富而可求也,虽执鞭之士,吾亦为之。如不可求,从吾所好。"(7.12)

子曰:"饭疏食饮水,曲肱而枕之,乐亦在其中矣。不义而富且贵,于我如浮云。"(7.16)

6.11与7.16两章即是成语"孔颜乐处"的出处。后人用"孔颜乐处"来指儒家知识分子那种安贫乐道、达观自信的处世态度与人生境界。

子曰:"奢则不孙,俭则固。与其不孙也,宁固。"(7.36)

子欲居九夷。或曰:"陋,如之何?"子曰:"君子居之,何陋之有?"(9.14)

一方面,君子不追求物质享乐;另一方面,君子可以行其大道,移风易俗,化成天下。

子曰:"衣敝缊袍,与衣狐貉者立,而不耻者,其由也

与？'不忮不求，何用不臧？'"子路终身诵之。子曰："是道也，何足以臧？"（9.27）

子曰："士而怀居，不足以为士矣。"（14.2）

孔子认为君子胸怀天下，与马克思的名言"我是世界公民，我走到哪儿就在哪儿工作"不谋而合。

子曰："贫而无怨难，富而无骄易。"（14.10）

子曰："君子谋道不谋食。耕也，馁在其中矣；学也，禄在其中矣。君子忧道不忧贫。"（15.32）

此章中，"谋道不谋食""忧道不忧贫"自然高尚，但"耕也，馁在其中矣；学也，禄在其中矣"这种后来被孟子概括为"劳心者治人，劳力者治于人"的观点，被后人扭曲为"万般皆下品，唯有读书高"之后，就贻害无穷了。

2. 不求虚名，自修于内

子曰："学而时习之，不亦说乎？有朋自远方来，不亦乐乎？人不知，而不愠，不亦君子乎？"（1.1）

子曰："不患人之不己知，患不知人也。"（1.16）

子曰："不患无位，患所以立。不患莫己知，求为可知也。"（4.14）

子曰:"不患人之不己知,患其不能也。"(14.30)

子曰:"君子病无能焉,不病人之不己知也。"(15.19)

子曰:"君子疾没世而名不称焉。"(15.20)

此章与上引诸章并不矛盾。"名者,实之宾也。"实至方能名归,有善行方能有善名。君子担心"名不称",实际上是在担心没有与善名相应的善行。

子张问:"士何如斯可谓之达矣?"子曰:"何哉,尔所谓达者?"子张对曰:"在邦必闻,在家必闻。"子曰:"是闻也,非达也。夫达也者,质直而好义,察言而观色,虑以下人。在邦必达,在家必达。夫闻也者,色取仁而行违,居之不疑。在邦必闻,在家必闻。"(12.20)

"闻"与"达"表面相似而本质不同。"达"者务实,自修于内;"闻"者务"虚",扬名于外。

3. 不违规矩,践行仁义

子曰:"富与贵,是人之所欲也;不以其道得之,不处也。贫与贱,是人之所恶也;不以其道得之,不去也。君子去仁,恶乎成名?君子无终食之间违仁,造次必于是,颠沛必于是。"(4.5)

"君子慎其独也"(《礼记·中庸》),时刻以仁义为行为圭臬。

> 在陈绝粮，从者病，莫能兴。子路愠见曰："君子亦有穷乎？"子曰："君子固穷，小人穷斯滥矣。"（15.2）

"君子固穷"当作"君子固于穷"解，即君子在困厄之时能固守节操。

> 子曰："非其鬼而祭之，谄也。见义不为，无勇也。"（2.24）

> 子曰："君子之于天下也，无适也，无莫也，义之与比。"（4.10）

"无适也，无莫也"有三种解释：君子对人，不会亲近某些人而冷漠另一些人，而是一视同仁，没有亲疏厚薄之分；君子于人"无所为仇，无所歆慕"；君子于事，不一定要如何做或不能如何做。不过，无论哪种解释，"义之与比"的内涵都是一致的，即以义为标准，怎样合于义便怎样做。

> 子张曰："士见危致命，见得思义，祭思敬，丧思哀，其可已矣。"（19.1）

> 子曰："君子喻于义，小人喻于利。"（4.16）

> 子曰："君子上达，小人下达。"（14.23）

"上达"与"下达"有五种理解：通达于仁义，通达于财利；日有所进，渐进而上，日日沉沦，每况愈下；循天理，"日进乎高明"，徇人欲，"日究乎污下"（《论语集注》）；追求高层次的通达，追求低层次的通达；上达达于道，下达达于器。本书取第一说，余者供参考。

> 子路曰："君子尚勇乎？" 子曰："君子义以为上，君子有勇而无义为乱，小人有勇而无义为盗。"（17.23）

> 子游为武城宰。子曰："女得人焉耳乎？" 曰："有澹台灭明者，行不由径，非公事，未尝至于偃之室也。"（6.14）

> 子路问曰："何如斯可谓之士矣？" 子曰："切切偲偲，怡怡如也，可谓士矣。朋友切切偲偲，兄弟怡怡。"（13.28）

> 子曰："君子成人之美，不成人之恶。小人反是。"（12.16）

> 子华使于齐，冉子为其母请粟。子曰："与之釜。"
> 请益。曰："与之庾。"
> 冉子与之粟五秉。
> 子曰："赤之适齐也，乘肥马，衣轻裘。吾闻之也，君子周急不继富。"（6.4）

有学者考证，一釜大约是当时一个人一个月的口粮，而冉求最后给公西华的母亲"五秉"，则是一釜的125倍。此举确实已非"周急"，而变成"继富"了。

> 子曰："君子易事而难说也。说之不以道，不说也；及其使人也，器之。小人难事而易说也。说之虽不以道，说也；及其使人也，求备焉。"（13.25）

178

子曰:"志于道,据于德,依于仁,游于艺。"(7.6)

孔子曰:"益者三乐,损者三乐。乐节礼乐,乐道人之善,乐多贤友,益矣。乐骄乐,乐佚游,乐晏乐,损矣。"(16.5)

有益的快乐是于己自律、与人为善,有害的快乐是没有节制。

4. 不避责任,志于担当

曾子曰:"可以托六尺之孤,可以寄百里之命,临大节而不可夺也。君子人与? 君子人也。"(8.6)

曾子曰:"士不可以不弘毅,任重而道远。仁以为己任,不亦重乎? 死而后已,不亦远乎?"(8.7)

揽仁之重任在肩,行仁之正道至死,这种担当与坚守确实令人钦佩。

子贡问曰:"何如斯可谓之士矣?"子曰:"行己有耻,使于四方,不辱君命,可谓士矣。"

曰:"敢问其次。"曰:"宗族称孝焉,乡党称弟焉。"

曰:"敢问其次。"曰:"言必信,行必果,硁硁然小人哉! 抑亦可以为次矣。"

曰:"今之从政者何如?"子曰:"噫! 斗筲之人,何足算也?"(13.20)

"言必信,行必果,硁硁然小人哉"常会被误解为孔子不提倡诚信。事实上,孔子不认可的只是不知变通、没有原则地固守诚信的行为。《孟子·离娄下》说:"大人者,言不必信,行不必果,惟义所在。"此言可作为本章的补充。

子曰:"三军可夺帅也,匹夫不可夺志也。"(9.26)

子曰:"君子不可小知而可大受也,小人不可大受而可小知也。"(15.34)

5. 不欺不瞒,忠诚守信

子曰:"君子不重,则不威;学则不固。主忠信。无友不如己者。过,则勿惮改。"(1.8)

子曰:"主忠信,毋友不如己者,过则勿惮改。"(9.25)

子曰:"人而无信,不知其可也。大车无輗,小车无軏,其何以行之哉?"(2.22)

车无輗軏,不可行于路。人无诚信,不可行于世。

子张问行。子曰:"言忠信,行笃敬,虽蛮貊之邦,行矣。言不忠信,行不笃敬,虽州里,行乎哉?立则见其参于前也,在舆则见其倚于衡也,夫然后行。"子张书诸绅。(15.6)

此章可与《说苑·敬慎》中的一段文字互参——

颜回将西游,问于孔子曰:"何以为身?"孔子曰:"恭敬忠信，可以为身。恭则免于众，敬则人爱之，忠则人与之，信则人恃之。人所爱，人所与，人所恃，必免于患矣。可以临国家，何况于身乎？"

6. 不说空话，讷言敏行

子曰："君子食无求饱，居无求安，敏于事而慎于言，就有道而正焉，可谓好学也已。"（1.14）

子贡问君子。子曰："先行其言而后从之。"（2.13）

子曰："古者言之不出，耻躬之不逮也。"（4.22）

子曰："君子欲讷于言而敏于行。"（4.24）

子曰："巧言、令色、足恭，左丘明耻之，丘亦耻之。匿怨而友其人，左丘明耻之，丘亦耻之。"（5.25）

子曰："君子耻其言而过其行。"（14.27）

以上诸章，要而言之，君子重于笃实践履，少说空话，多做实事，要把实行放在宣传的前面，甚至是只实行而不宣传。司马迁说："能行之者未必能言，能言之者未必能行。"言不过于行，既是我们修养自身的准则，也是识人、察人的标准之一。

7. 不"野"不"史"，文质彬彬

子曰："质胜文则野，文胜质则史。文质彬彬，然后君

子。"(6.18)

　　棘子成曰："君子质而已矣,何以文为?"子贡曰:"惜乎,夫子之说君子也! 驷不及舌。文犹质也,质犹文也。虎豹之鞟犹犬羊之鞟。"(12.8)

质是内容,文是形式,二者缺一不可。

　　子曰:"君子不重,则不威;学则不固。主忠信。无友不如己者。过,则勿惮改。"(1.8)

　　曾子有疾,孟敬子问之。曾子言曰:"鸟之将死,其鸣也哀;人之将死,其言也善。君子所贵乎道者三,动容貌,斯远暴慢矣;正颜色,斯近信矣;出辞气,斯远鄙倍矣。笾豆之事,则有司存。"(8.4)

　　子温而厉,威而不猛,恭而安。(7.38)

　　子夏曰:"君子有三变,望之俨然,即之也温,听其言也厉。"(19.9)

君子正气凛然而又和蔼可亲,有着温和而坚定的力量。

　　司马牛忧曰:"人皆有兄弟,我独亡。"子夏曰:"商闻之矣,死生有命,富贵在天。君子敬而无失,与人恭而有礼。四海之内,皆兄弟也。君子何患乎无兄弟也?"(12.5)

8. 不惰不纵，好学自律

子曰："学而时习之，不亦说乎？有朋自远方来，不亦乐乎？人不知，而不愠，不亦君子乎？"（1.1）

有人认为，本章讲"孔门三乐"——学习之乐、朋友之乐、修养之乐，为全书总章。此说有一定道理。

子夏曰："百工居肆以成其事，君子学以致其道。"（19.7）

子曰："以约失之者鲜矣。"（4.23）

子曰："君子博学于文，约之以礼，亦可以弗畔矣夫！"（6.27）

子曰："博学于文，约之以礼，亦可以弗畔矣夫！"（12.15）

此二章之"弗畔"不是指不犯上作乱，而是指不离经叛道，不背离君子之道。

9. 不避过错，改过迁善

陈司败问昭公知礼乎，孔子曰："知礼。"

孔子退，揖巫马期而进之，曰："吾闻君子不党，君子亦党乎？君取于吴，为同姓，谓之吴孟子。君而知礼，孰不知礼？"

巫马期以告。子曰："丘也幸，苟有过，人必知之。"（7.31）

孟子曾评价子路"闻过则喜",看来子路此举是有师承的。

　　子曰:"君子不重,则不威;学则不固。主忠信。无友不如己者。过,则勿惮改。"(1.8)

　　子曰:"主忠信,毋友不如己者,过则勿惮改。"(9.25)

　　子曰:"过而不改,是谓过矣。"(15.30)

　　子贡曰:"君子之过也,如日月之食焉。过也,人皆见之;更也,人皆仰之。"(19.21)

　　哀公问:"弟子孰为好学?"孔子对曰:"有颜回者好学,不迁怒,不贰过。不幸短命死矣。今也则亡,未闻好学者也。"(6.3)

　　子曰:"君子食无求饱,居无求安,敏于事而慎于言,就有道而正焉,可谓好学也已。"(1.14)

清人钱大昕《十驾斋养新录·改过》中的一段文字可与以上诸章共参——

　　过者,圣贤所不能无也。自以为无过,而过乃大矣。自以为有过,而过自寡矣。孔子曰:"五十以学《易》,可以无大过矣。"言大过而不言小过,是圣人犹未敢言小过之必无也。颜氏之子有不善,未尝不知,知之,未尝复行,故能不贰过而入圣域。仲由喜闻过,令名无穷焉。圣贤之学,教人改过迁善而已矣。后之君子，高语性天，而耻言改过。有过且不自知，与圣贤克己之功远矣！

10. 不责他人，勤于自省

子曰："君子求诸己，小人求诸人。"（15.21）

曾子曰："吾日三省吾身——为人谋而不忠乎？与朋友交而不信乎？传不习乎？"（1.4）

《荀子·法行》中记载了曾子所说的一段话，可作为以上两章的补充——

曾子曰："同游而不见爱者，吾必不仁也；交而不见敬者，吾必不长也；临财而不见信者，吾必不信也。三者在身曷怨人！怨人者穷，怨天者无识。失之己而反诸人，岂不亦迂哉！"

子曰："见贤思齐焉，见不贤而内自省也。"（4.17）

子曰："已矣乎，吾未见能见其过而内自讼者也。"（5.27）

孔子曰："见善如不及，见不善如探汤。吾见其人矣，吾闻其语矣。隐居以求其志，行义以达其道。吾闻其语矣，未见其人也。"（16.11）

三、修身之各项禁忌

子曰："君子不器。"(2.12)

"君子不器"不能简单地理解为君子要"多器"(即君子不做专才而做通才)，而要意识到，这里的"器"是与"道"相对而言的。君子不仅要成"器"，更要成"德"，成"道"。

子曰："君子无所争。必也射乎！揖让而升，下而饮。其争也君子。"(3.7)

子曰："君子周而不比，小人比而不周。"(2.14)

子曰："君子和而不同，小人同而不和。"(13.23)

子曰："君子矜而不争，群而不党。"(15.22)

子曰："如有周公之才之美，使骄且吝，其余不足观也已。"(8.11)

子曰："君子泰而不骄，小人骄而不泰。"(13.26)

子绝四——毋意，毋必，毋固，毋我。(9.4)

子曰："君子坦荡荡，小人长戚戚。"(7.37)

子曰："君子道者三，我无能焉，仁者不忧，知者不惑，勇者不惧。"子贡曰："夫子自道也。"(14.28)

司马牛问君子。子曰："君子不忧不惧。"

曰："不忧不惧，斯谓之君子已乎？"子曰："内省不疚，夫何忧何惧？"(12.4)

子曰："君子不以言举人，不以人废言。"(15.23)

"不以言举人"是因为"有言者不必有德"(14.4)，话说得漂亮的人不一定德行就好，因此要"听其言而观其行"(5.10)。"不以人废言"是"不以小恶掩大善，不以众短弃一长"(朱熹《与刘共父》)，所谓"恶不去善"是也。

孔子曰："君子有三戒，少之时，血气未定，戒之在色；及其壮也，血气方刚，戒之在斗；及其老也，血气既衰，戒之在得。"(16.7)

《淮南子·诠言训》说："凡人之性，少则猖狂，壮则强暴，老则好利。"孔子的"君子三戒"，可谓对人性体察至深。

子贡曰："君子亦有恶乎？"子曰："有恶。恶称人之恶者，恶居下流而讪上者，恶勇而无礼者，恶果敢而窒者。"

曰："赐也亦有恶乎？""恶徼以为知者，恶不孙以为勇者，恶讦以为直者。"(17.24)

◉ 图2-2　朱熹《论语集注》残稿

四、修身境界

子曰:"圣人,吾不得而见之矣;得见君子者,斯可矣。"

子曰:"善人,吾不得而见之矣;得见有恒者,斯可矣。亡而为有,虚而为盈,约而为泰,难乎有恒矣。"(7.26)

子路问君子。子曰:"修己以敬。"

曰:"如斯而已乎?"曰:"修己以安人。"

曰:"如斯而已乎?"曰:"修己以安百姓。修己以安百姓,尧、舜其犹病诸?"(14.42)

子贡曰:"如有博施于民而能济众,何如? 可谓仁乎?"子曰:"何事于仁! 必也圣乎! 尧、舜其犹病诸! 夫仁者,己欲立而立人,己欲达而达人。能近取譬,可谓仁之方也已。"(6.30)

子曰:"知者不惑,仁者不忧,勇者不惧。"(9.29)

子路问成人。子曰:"若臧武仲之知,公绰之不欲,卞庄子之勇,冉求之艺,文之以礼乐,亦可以为成人矣。"曰:"今之成人者何必然? 见利思义,见危授命,久要不忘平生之言,亦可以为成人矣。"(14.12)

朱熹对此章的评价极有见地:"兼此四子之长,则知足以穷理,廉足以养心,勇足以力行,艺足以泛应。而又节之以礼,和之以乐,使德成于内而文见乎外,则材全德备,浑然不见一善成名之迹。"

子曰:"不逆诈,不亿不信,抑亦先觉者,是贤乎!"(14.31)

五、君子与小人

子曰:"君子周而不比,小人比而不周。"(2.14)

子曰:"君子怀德,小人怀土;君子怀刑,小人怀惠。"(4.11)

子曰:"君子喻于义,小人喻于利。"(4.16)

子曰:"君子坦荡荡,小人长戚戚。"(7.37)

子曰:"君子成人之美,不成人之恶。小人反是。"(12.16)

子曰:"君子易事而难说也。说之不以道,不说也;及其使人也,器之。小人难事而易说也。说之虽不以道,说也;及其使人也,求备焉。"(13.25)

子曰:"君子泰而不骄,小人骄而不泰。"(13.26)

子曰:"君子而不仁者有矣夫,未有小人而仁者也。"(14.6)

子曰:"君子上达,小人下达。"(14.23)

在陈绝粮，从者病，莫能兴。子路愠见曰："君子亦有穷乎？"子曰："君子固穷，小人穷斯滥矣。"（15.2）

子曰："君子求诸己，小人求诸人。"（15.21）

子曰："君子不可小知而可大受也，小人不可大受而可小知也。"（15.34）

孔子曰："君子有三畏，畏天命，畏大人，畏圣人之言。小人不知天命而不畏也，狎大人，侮圣人之言。"（16.8）

子路曰："君子尚勇乎？"子曰："君子义以为上，君子有勇而无义为乱，小人有勇而无义为盗。"（17.23）

子夏曰："小人之过也必文。"（19.8）

子贡曰："君子之过也，如日月之食焉。过也，人皆见之；更也，人皆仰之。"（19.21）

第二课

仁者,立人达人

如果说在《论语》中出现108次的"君子"是修己律己的道德典范,那么出现了110次的"仁"则代表了伦理道德与精神追求的最高境界。这里,我们不再详细论及仁的具体标准,因为从道德追求上看,仁与君子在很多方面是一致的,做到君子正心修身的所有行为准则,基本也就堪称仁人了。

一、仁之由来

> 子夏问曰:"'巧笑倩兮,美目盼兮,素以为绚兮。'何谓也?"子曰:"绘事后素。"
>
> 曰:"礼后乎?"子曰:"起予者商也! 始可与言《诗》已矣。"(3.8)

子夏问孔子:"'美好的笑容真好看啊,美丽的眼睛黑白分明啊,好比洁白的底子上画着花卉啊',是什么意思?"孔子回答说:"先有白色的底子,然后才能画花。"子夏又问:"那么,礼节仪式是不是在仁德之后呢?"孔子说:"启发我的是你卜商啊! 现在可以同你一起讨论《诗》了。"

这一章中,孔子认同子夏所说的礼后于仁,并不是说礼的概念比仁产生得晚,而是说在人的心中有了仁义,自然就能做到礼仪。或者说,在道义选择上,要先仁后礼。

孔子之前，人们重视礼，认为礼是天经地义之事，而孔子却改以仁为核心，认为没有仁便没有礼。我们都知道，孔子一生志在恢复周礼，为什么他不以礼为核心而以仁为核心呢？这是因为孔子恢复周礼并不是要恢复刻板不变的繁文缛节，而是要恢复有序和谐的社会秩序。怎样才能做到呢？只有让人们懂得礼制背后的道理，人们才会守礼，社会才会有序。人心怀仁义，守礼就不是什么难事，社会自然安定和谐。因此，孔子更注重内在的仁，而不是外在的礼。

我们且看以下两章：

子曰："礼云礼云，玉帛云乎哉？乐云乐云，钟鼓云乎哉？"（17.11）

林放问礼之本。子曰："大哉问！礼，与其奢也，宁俭；丧，与其易也，宁戚。"（3.4）

17.11章中，孔子说："礼难道是指玉制的礼器和帛做的礼服吗？乐难道是指钟鼓这些乐器吗？"显然，比这些外在礼器、乐器更重要的是它们所承载的道理、仁义。3.4章中，当林放问孔子何为礼之本时，孔子说："礼，与其奢，不如俭；丧礼，与其追求外在礼仪的周全，不如发自内心的伤悲。"

孔子说："人而不仁，如礼何？人而不仁，如乐何？"（3.3）在孔子眼中，没有内在的仁爱之心，外在礼乐便很难真正建立起来；即使建立起来，甚至发达起来，也没有意义。

综观仁与礼的关系，孔子是怀着恢复周礼的宏愿，以仁释礼，让人们知仁而守礼。孔子并非拘泥古礼，因而，在通权达变之中，内在的仁超越外在的礼，成为他的思想体系中更基础、更重要的思想内核。

二、仁之根本

> 有子曰："其为人也孝弟，而好犯上者，鲜矣；不好犯上，而好作乱者，未之有也。君子务本，本立而道生。孝弟也者，其为仁之本与！"（1.2）

有子是孔子后期的弟子有若，是孟子所谓"智足以知圣人"[1]的三位弟子之一，《论语》中还有三章与之相关，而这三章基本可证孟子所言非虚。1.2章中，有若提出"孝弟也者，其为仁之本与"，"孝为仁本"几乎已成了孔子仁学思想中的重要定论。孝悌是道德水准的高标吗？何以成了伦理道德与精神追求的最高境界——仁的根本呢？

我们不妨做一点文字学的探究——

《说文解字》云："仁，亲也。从人二。""仁"字由"人"和"二"构成，"二"可看作重文符号，"仁"的本义是对人亲善。

《说文解字》云："孝，善事父母者。从老省，从子。子承老也。""孝"上为"老"，下为"子"，意思是子承其老，善待父母。

《说文新附》云："悌，善兄弟也。从心，弟声。经典通用弟。"

我们不难发现，"仁"字体现的是人与人之间的相处之道，"孝""悌"体现的是人与父母、兄弟的相处之道。人与他人的相处，最早、最近者无外乎父母、兄弟。因此，一个人要做到仁——对人亲善，首先要做到孝悌——对父兄亲善；反之，一个不亲善父兄的人，又如何能亲善待人、得宜处世呢？

1　《孟子·公孙丑上》："宰我、子贡、有若，智足以知圣人，污不至阿其所好。"

由此观之，孝父尊兄虽然并非道德水准的高标，但确实是仁以待人的基础或根本。

三、仁之矛盾

1. 同问异答，自相矛盾

初读《论语》的人常有这样的疑问：孔子把君子和仁看得无比重要，可为什么每次弟子问君子、问仁，孔子的回答都不一样？是不是孔子心里根本就没有一个标准答案，故而每次随口作答呢？

这个问题其实不难回答。君子和仁的标准确实很多，而孔子对每一个弟子的回答，则是针对不同学生的特点，因材施教，回答仁的不同方面而已。司马牛"多言而躁"，当他问仁时，孔子就回答："仁者，其言也讱。"（12.3）而另一弟子子张，孔子对他的评价是"师也辟"（11.18），即子张为人偏激，因此孔子总是把子张往宽处引，当子张问仁时，孔子便特意把"宽"字提了出来。

> 子张问仁于孔子。孔子曰："能行五者于天下为仁矣。"
>
> "请问之。"曰："恭，宽，信，敏，惠。恭则不侮，宽则得众，信则人任焉，敏则有功，惠则足以使人。"（17.6）

有时孔子面对同一类人、同一个人，仁的标准似乎也不成体系，甚至是自相矛盾的，比如下面这几则章句：

> 子张问曰："令尹子文三仕为令尹，无喜色；三已之，无愠色。旧令尹之政，必以告新令尹。何如？"子曰："忠

矣。"曰:"仁矣乎?"曰:"未知。焉得仁?"

"崔子弑齐君,陈文子有马十乘,弃而违之。至于他邦,则曰,'犹吾大夫崔子也'。违之。之一邦,则又曰,'犹吾大夫崔子也'。违之。何如?"子曰:"清矣。"曰:"仁矣乎?"曰:"未知。焉得仁?"(5.19)

子路曰:"桓公杀公子纠,召忽死之,管仲不死。"曰:"未仁乎?"子曰:"桓公九合诸侯,不以兵车,管仲之力也。如其仁,如其仁。"(14.16)

子贡曰:"管仲非仁者与?桓公杀公子纠,不能死,又相之。"子曰:"管仲相桓公,霸诸侯,一匡天下,民到于今受其赐。微管仲,吾其被发左衽矣。岂若匹夫匹妇之为谅也,自经于沟渎而莫之知也?"(14.17)

微子去之,箕子为之奴,比干谏而死。孔子曰:"殷有三仁焉。"(18.1)

显然,这些章句存在如下矛盾之处:第一,孔子曾说管仲"不知礼",按照"克己复礼为仁"(12.1)的观点,管仲显然不能被称为仁人,可是孔子为何又以"如其仁,如其仁"(14.16)许之呢?第二,陈文子在政局混乱时弃财而走,孔子不以仁人称之;而微子同做归隐之事,却被孔子称为仁人,这不是典型的"双标"吗?第三,管仲称仁是因其辅佐有方,微子避世为何又成仁了?第四,管仲不死,为相,一匡天下;比干谏而死,了却性命,他与管仲比,怎么能称仁?

要回答这些问题,我们不妨再回归"仁"字的本义。《说文解字》中说："仁，亲也。从人二。"也就是说，仁的本义是"二人"（人与人）之间相处的规范。那么人与相处时，个人道德规范的极致是什么呢？是可以为他人而牺牲自我，即做到彻底的无私。上述章句中的哪些人做到了这一点呢？除了"不知礼"的管仲外，其他人似乎都做到了无私。

无私是不是最好的选择呢？《吕氏春秋·察微》中的一则故事或许能给我们启发——

> 鲁国之法，鲁人为人臣妾于诸侯，有能赎之者，取其金于府。子贡赎鲁人于诸侯，来而让，不取其金。孔子曰："赐失之矣。自今以往，鲁人不赎人矣。"取其金，则无损于行；不取其金，则不复赎人矣。子路拯溺者，其人拜之以牛，子路受之。孔子曰："鲁人必拯溺者矣。"孔子见之以细，观化远也。

子贡赎回在外为奴的鲁国百姓，子路救下溺水之人，二人都一心行善；但面对回报，子贡不去国库领本应得到的赎金，子路则接受了对方答谢的牛。一个拒金，一个受牛，孔子会表扬谁、批评谁呢？孔子的做法大大出乎我们的意料，他批评了子贡、表扬了子路。因为子贡赎人而拒金，会陷那些赎人而领金者于不义，长此以往，鲁人赎人的积极性会受影响；子路拯溺而受牛，则会大大激发人们见义勇为的积极性。孔子看重的不是弟子一时收受财物与否，而是他们的行为会对社会产生怎样的影响，正如《吕氏春秋·察微》所说，孔子是"见之以细，观化远也"。

以此类推，孔子虽然批评管仲"不知礼"，却又说"如其仁，如其仁"，是因为他"一匡天下"，使"民到于今受其赐"，对社会产生了深远影响,让更多人更长远地从中受益。而陈文子虽然面对"崔子弑齐君"的行为选择了弃财而走,是无私的行为,但以他的身份和实力,他本来可以讨伐崔子,努力恢复齐国的秩序,惠及更多齐国百姓,他却没有,所以不能称为仁。

孔子对上述几人的看法看似矛盾,实则有着清晰的评价标准:个人层面——有德,无己无私,如微子、箕子、比干;社会层面——有功,惠民利民,如管仲。

孔子说:"克己复礼为仁。"(12.1)对这句话有这样一种理解,"克己"指向的是个人的道德修养,而"复礼"指向的是社会责任——使天下恢复礼治、有序的状态。萧公权《中国政治思想史》中说:"就修养言,仁为私人道德。就实践言,仁又为社会伦理与政治原则。孔子言仁,实已冶道德、人伦、政治于一炉,致人、己、家、国于一贯。"而在这"一贯"之中,惠于国、家、人的社会之仁,一定程度上是超越了修养自身的个人之仁而存在的。

2. 为仁至难,为仁至易

无论《论语》相关章句对仁提出的各项要求,还是上文分析得出的个人及社会层面的仁之标准,要做到仁,实属不易。事实上,整部《论语》中只有"六个半"人被孔子称为仁人。

微子、箕子、比干。"微子去之,箕子为之奴,比干谏而死。孔子曰:'殷有三仁焉。'"(18.1)

伯夷、叔齐。"(子贡)入,曰:'伯夷、叔齐何人也?'曰:'古之贤人也。'曰:'怨乎?'曰:'求仁而得仁,又何怨?'"(7.15)

管仲。"子路曰:'桓公杀公子纠,召忽死之,管仲不死。'曰:'未仁乎?'子曰:'桓公九合诸侯,不以兵车,管仲之力也。如其仁,如其仁。'"(14.16)

颜回。"子曰:'回也,其心三月不违仁,其余则日月至焉而已矣。'"(6.7)

这些人中,管仲以外的人都是个人之仁,即有仁之德;管仲属于社会之仁,即有仁之功。其中只有颜回这"半个"仁人是当世的,余者皆为历史人物,可见被孔子评为仁人有多难。孔子自己当然也不敢以仁人自居,他曾明确说过:"若圣与仁,则吾岂敢?"(7.34)

孔子又说:"仁远乎哉? 我欲仁,斯仁至矣。"(7.30)仁的门槛这么高,怎么能是欲仁则仁至呢? 前面刚说孔子不敢以仁人自居,这里为什么又说仁如此容易达到呢? 这不是自相矛盾吗?

孔子这两句话看似矛盾,实际上也不难理解。达仁之标准确实很难,但是达仁之路径却离我们很近。生活中的点滴小事皆有仁与不仁之别,只要我们欲仁,那就"勿以善小而不为",努力让生活中的每件事都向仁的标准靠拢,自然就"我欲仁,斯仁至矣"了。

那么,具体要如何做呢? 我们来看《论语》中关键的三章:

> 子曰:"参乎! 吾道一以贯之。"曾子曰:"唯。"
> 子出,门人问曰:"何谓也?"曾子曰:"夫子之道,忠恕而已矣。"(4.15)

> 子贡曰:"如有博施于民而能济众,何如? 可谓仁乎?"子曰:"何事于仁! 必也圣乎! 尧、舜其犹病诸! 夫仁者,己欲立而立人,己欲达而达人。能近取譬,可谓仁之方也已。"(6.30)

> 子贡问曰:"有一言而可以终身行之者乎?"子曰:"其恕乎! 己所不欲,勿施于人。"(15.24)

结合以上三章可知，孔子认为要做到仁，就要坚持"忠"和"恕"，并一以贯之。

"恕"是从反面指出不应做什么，具体做法是"能近取譬"，"己所不欲，勿施于人"，这是行仁的底线。孔子将心比心，推己及人，指出每一个人都不愿意受到伤害，以己度人，就不要去伤害他人。这句话不但影响了数千年的中华文化，在世界上也产生了深远的影响，比如法国启蒙思想家伏尔泰就说："每个法国人都应该把'己所不欲，勿施于人'作为自己的座右铭。"在法国大革命中，雅各宾派首领罗伯斯庇尔在起草《人权和公民权宣言》时，也引用了孔子的这句格言。

"忠"是从正面指出应该做什么，具体做法是"己欲立而立人，己欲达而达人"。前文所讲的故事中，子贡拒金，是无私之义举，做到了个人之"立"与"达"；这却陷他人于不义，让那些赎人后领金的人显得不够高尚，并因此降低了他们赎人的积极性，不能让更多的奴隶被救赎，因此不能"立人""达人"。反观子路，救人后受牛，看似是"利举"，却能鼓励更多的人行义，因而于社会有益，就很好地做到了个人与他人的"俱立""俱达"。

综上，孔子仁学思想中看似矛盾的章句，非但不是一团乱麻，反而充满着辩证的智慧，值得我们仔细品读，细细探究。

四、仁之体系

至此，我们将仁之思想体系归纳如下：

仁
- 标准（难）
  - 个人层面：有德——无己无私
  - 社会层面：有功——惠民利民
- 方法（易）
  - 恕（不做什么）——己所不欲，勿施于人
  - 忠（要做什么）——己欲立而立人，己欲达而达人

黑格尔曾说:"我们看到孔子和他的弟子们的谈话里面所讲的是一种常识道德,这种常识道德我们在哪里都找得到,在哪一个民族里都找得到,可能还要好些,这是毫无出色之点的东西。孔子只是一个实际的世间智者,在他那里思辨的哲学是一点也没有的——只有一些善良的、老练的、道德的教训,从里面我们不能获得什么特殊的东西。"未来,希望更多的中国人能负起两大责任,"一是自己读《论语》,一是劝人读《论语》"(钱穆《如何读〈论语〉》)。读出它的辩证体系,读出它的思想深义,为《论语》正名,为中国文化正名!

五、思考题

在你的阅读体验和生活经历中,何人堪称你心中的仁人?为什么?

阅读材料

为"一匡天下",恢复周礼,孔子以仁释礼,力求让人们通晓礼之道义,进而遵守礼之秩序。孔子并不拘泥古礼,在通权达变之中,内在的仁超越外在的礼,成为孔子思想体系中更基础、更重要的思想内核。

一、仁之因

子曰:"里仁为美。择不处仁,焉得知?"(4.1)

"里仁为美"有二解:居住在有仁德的地方是好的;把修养、精神放在仁的境界里是好的。一般取前说。

子曰:"苟志于仁矣,无恶也。"(4.4)

"无恶也"有二解:不去做坏事;没有坏处。二说皆可。

子曰:"富与贵,是人之所欲也;不以其道得之,不处也。贫与贱,是人之所恶也;不以其道得之,不去也。君子去仁,恶乎成名?君子无终食之间违仁,造次必于是,颠沛必于是。"(4.5)

二、仁之本

有子曰："其为人也孝弟，而好犯上者，鲜矣；不好犯上，而好作乱者，未之有也。君子务本，本立而道生。孝弟也者，其为仁之本与！"（1.2）

三、何为仁

子曰："不仁者不可以久处约，不可以长处乐。仁者安仁，知者利仁。"（4.2）

"不仁者不可以久处约，不可以长处乐"可与15.2章"君子固穷，小人穷斯滥矣"互参。对"仁者安仁，知者利仁"一句有不同解读：有仁德的人安心于实行仁德，有智慧的人善于利用仁德；有仁德的人实行仁德便心安，不实行仁德心便不安，有智慧的人认识到仁德能对他产生长远而巨大的利益，便实行仁德。

子曰："唯仁者能好人，能恶人。"（4.3）

此句并非说只有仁者才有喜爱或憎恶人的权利，而是说，只有仁者才能公正、得当地喜爱、憎恶他人，而不是"爱之欲其生，恶之欲其死"（12.10）。

子曰："知者乐水，仁者乐山。知者动，仁者静。知者乐，仁者寿。"（6.23）

子曰:"知者不惑,仁者不忧,勇者不惧。"(9.29)

子曰:"君子道者三,我无能焉,仁者不忧,知者不惑,勇者不惧。"子贡曰:"夫子自道也。"(14.28)

子贡曰:"如有博施于民而能济众,何如? 可谓仁乎?"子曰:"何事于仁! 必也圣乎! 尧、舜其犹病诸! 夫仁者,己欲立而立人,己欲达而达人。能近取譬,可谓仁之方也已。"(6.30)

仁是个人道德境界的完成,并兼及身边的人。圣要在内在之仁的基础上有外在功业,是使天下众生都能达到幸福的境界。

颜渊问仁。子曰:"克己复礼为仁。一日克己复礼,天下归仁焉。为仁由己,而由人乎哉?"

颜渊曰:"请问其目。"子曰:"非礼勿视,非礼勿听,非礼勿言,非礼勿动。"

颜渊曰:"回虽不敏,请事斯语矣。"(12.1)

"天下归仁"一句有二解:天下的人都称许此人是仁人;天下归顺于仁人。本书取前一说。

仲弓问仁。子曰:"出门如见大宾,使民如承大祭。己所不欲,勿施于人。在邦无怨,在家无怨。"

仲弓曰:"雍虽不敏,请事斯语矣。"(12.2)

子贡问曰:"有一言而可以终身行之者乎?"子曰:"其

恕乎！己所不欲，勿施于人。"（15.24）

　　子贡曰："我不欲人之加诸我也，吾亦欲无加诸人。"子曰："赐也，非尔所及也。"（5.12）

　　子曰："刚、毅、木、讷近仁。"（13.27）

康有为说："刚者无欲，毅者果敢，木者朴行，讷者谨言。四者皆能力行，与巧言令色相反者，故近仁。"

　　子曰："有德者必有言，有言者不必有德。仁者必有勇，勇者不必有仁。"（14.4）

　　司马牛问仁。子曰："仁者，其言也讱。"
　　曰："其言也讱，斯谓之仁已乎？"子曰："为之难，言之得无讱乎？"（12.3）

　　或曰："雍也仁而不佞。"子曰："焉用佞？御人以口给，屡憎于人。不知其仁，焉用佞？"（5.5）

如果不够仁德，口才好也无益；如果足够仁德，没有口才也能自立。

　　樊迟问仁。子曰："爱人。"问知。子曰："知人。"
　　樊迟未达。子曰："举直错诸枉，能使枉者直。"
　　樊迟退，见子夏曰："乡也吾见于夫子而问知，子曰，'举直错诸枉，能使枉者直'，何谓也？"

子夏曰:"富哉言乎! 舜有天下,选于众,举皋陶,不仁者远矣。汤有天下,选于众,举伊尹,不仁者远矣。"(12.22)

樊迟问仁。子曰:"居处恭,执事敬,与人忠。虽之夷狄,不可弃也。"(13.19)

子张问仁于孔子。孔子曰:"能行五者于天下为仁矣。"
"请问之。"曰:"恭,宽,信,敏,惠。恭则不侮,宽则得众,信则人任焉,敏则有功,惠则足以使人。"(17.6)

子张是孔子最热衷于政治的门徒之一,于是孔子答之以"内圣"之资,而求"外王"之用。

四、何非仁

子曰:"巧言令色,鲜矣仁。"(1.3)

子曰:"巧言令色,鲜矣仁。"(17.17)

宪问耻。子曰:"邦有道,穀;邦无道,穀,耻也。"
"克、伐、怨、欲不行焉,可以为仁矣?"子曰:"可以为难矣,仁则吾不知也。"(14.1)

克,好胜;伐,自夸;怨,怨恨;欲,贪欲。钱穆说:"四者贼心,遏抑不发,非能根绝,是犹贼藏在家,虽不发作,家终不安,故孔子谓之难。"不黑不一定就是白,不存克、伐、怨、欲,不代表就温、和、慈、良。

五、仁之人

孟武伯问子路仁乎。子曰:"不知也。"又问。子曰:"由也,千乘之国,可使治其赋也,不知其仁也。"

"求也何如?"子曰:"求也,千室之邑,百乘之家,可使为之宰也,不知其仁也。"

"赤也何如?"子曰:"赤也,束带立于朝,可使与宾客言也,不知其仁也。"(5.8)

仁道至大,孔子自己尚不敢以仁人自居,何况弟子? 况且一息之违即已非仁。孔子以"不知其仁"评价弟子,是出言谨慎,也是对弟子继续求仁、行仁的勉励。

子张问曰:"令尹子文三仕为令尹,无喜色;三已之,无愠色。旧令尹之政,必以告新令尹。何如?"子曰:"忠矣。"曰:"仁矣乎?"曰:"未知。焉得仁?"

"崔子弑齐君,陈文子有马十乘,弃而违之。至于他邦,则曰,'犹吾大夫崔子也'。违之。之一邦,则又曰,'犹吾大夫崔子也'。违之。何如?"子曰:"清矣。"曰:"仁矣乎?"曰:"未知。焉得仁?"(5.19)

子曰:"回也,其心三月不违仁,其余则日月至焉而已矣。"(6.7)

冉有曰:"夫子为卫君乎?"子贡曰:"诺,吾将问之。"入,曰:"伯夷、叔齐何人也?"曰:"古之贤人也。"曰:

"怨乎?"曰:"求仁而得仁,又何怨?"

　　出,曰:"夫子不为也。"(7.15)

　　子曰:"君子而不仁者有矣夫,未有小人而仁者也。"(14.6)

　　子路曰:"桓公杀公子纠,召忽死之,管仲不死。"曰:"未仁乎?"子曰:"桓公九合诸侯,不以兵车,管仲之力也。如其仁,如其仁。"(14.16)

此章及14.17章中,子路和子贡坚持的是儒家道德思想中"杀身成仁"和"忠君"的观点,因此他们所谓的仁事实上是指为忠君而牺牲生命,从这个角度讲,管仲缺乏仁之德。而孔子的出发点是天下苍生的利益,天下百姓因管仲未死而免遭杀戮涂炭,因而他有仁德之功。子夏所言"大德不逾闲,小德出入可也"(19.11),亦可用来解释孔子对管仲看法的变通。

　　子贡曰:"管仲非仁者与? 桓公杀公子纠,不能死,又相之。"子曰:"管仲相桓公,霸诸侯,一匡天下,民到于今受其赐。微管仲,吾其被发左衽矣。岂若匹夫匹妇之为谅也,自经于沟渎而莫之知也?"(14.17)

　　微子去之,箕子为之奴,比干谏而死。孔子曰:"殷有三仁焉。"(18.1)

六、仁之径

　　子曰:"我未见好仁者,恶不仁者。好仁者,无以尚

之;恶不仁者,其为仁矣,不使不仁者加乎其身。有能一日用其力于仁矣乎?我未见力不足者。盖有之矣,我未之见也。"(4.6)

"恶不仁者"只是不行恶举;"好仁者"不仅不行恶举,而且要力行善举。

子曰:"人之过也,各于其党。观过,斯知仁矣。"(4.7)

樊迟问知。子曰:"务民之义,敬鬼神而远之,可谓知矣。"问仁。曰:"仁者先难而后获,可谓仁矣。"(6.22)

子曰:"仁远乎哉?我欲仁,斯仁至矣。"(7.30)

仁道出于人心,而内心的修为,说难则难,说易则易,不外乎一念之差。

子夏曰:"博学而笃志,切问而近思,仁在其中矣。"(19.6)

子曰:"若圣与仁,则吾岂敢?抑为之不厌,诲人不倦,则可谓云尔已矣。"公西华曰:"正唯弟子不能学也。"(7.34)

曾子曰:"士不可以不弘毅,任重而道远。仁以为己任,不亦重乎?死而后已,不亦远乎?"(8.7)

颜渊问仁。子曰:"克己复礼为仁。一日克己复礼,天下归仁焉。为仁由己，而由人乎哉？"

颜渊曰："请问其目。"子曰："非礼勿视，非礼勿听，非礼勿言，非礼勿动。"

颜渊曰："回虽不敏，请事斯语矣。"（12.1）

仁自内生，约束自己（"克己"），使一切视、听、言、动都符合礼制（"复礼"），从而达仁。"为仁由己"，通过道德自律而非外在礼法约束来自主生发、决定、主宰这约束自己的"四勿"。

子曰："志士仁人，无求生以害仁，有杀身以成仁。"（15.9）

宰我问曰："仁者，虽告之曰，'井有仁焉'。其从之也？"子曰："何为其然也？君子可逝也，不可陷也；可欺也，不可罔也。"（6.26）

子贡问为仁。子曰："工欲善其事，必先利其器。居是邦也，事其大夫之贤者，友其士之仁者。"（15.10）

子曰："当仁，不让于师。"（15.36）

子曰："知及之，仁不能守之，虽得之，必失之。知及之，仁能守之，不庄以莅之，则民不敬。知及之，仁能守之，庄以莅之，动之不以礼，未善也。"（15.33）

孔子认为，治理天下，智、仁、庄、礼，四者缺一不可。只用智，其失在荡；只用仁，其失在宽；只用庄，其失在猛；所以必须用礼来调和。

第三讲

政治：导德齐礼，匡时济世

第一课

政治理念：为政以德

提起孔子，人们常以"思想家""教育家"冠之，而鲜有谓之"政治家"者。事实上，孔子虽无政治家之头衔，却有一套相当完备的政治思想，并影响了中国两千年的政治走向。

一、孔子的政治理想

孔子的政治理想可用"无为而治，天下大同"八个字来概括。

1. 无为而治

说到"无为而治"，人们第一时间想到的一定是道家或者老子。的确，老子曾在《道德经》中提出："我无为而民自化，我好静而民自正，我无事而民自富，我无欲而民自朴。"他一再强调顺其自然，不过多干预，充分发挥人民的主观能动性。

那么，孔子的政治理想又与"无为而治"有何关系呢？

> 子曰："无为而治者其舜也与？夫何为哉？恭己正南面而已矣。"（15.5）

孔子曾对舜的治理模式大为赞赏，他说："无为而治的大概只有舜吧？他做了些什么呢？只是自己恭恭敬敬地端坐在天子之位罢了。"在这里，孔子明确提出了"无为而治"四个字。对此，何晏解释道:"任官得其人,故无为而治。"朱熹则说:"无为而治者,圣人德盛而民化,不待其有所作为也。"综合二人观点来看,理想的无为而治是统治者"任官得其人","己不亲劳于事",悠游而自逸;统治者"恭己"而以德化民,无事于政刑,使天下大治。

显然,孔子所谓"无为"并非万事不为,而是"无为"那些具体政事——这些自有贤相良臣为之;统治者要"有为"的是修身洁行,将自身德行作为无声的政治资本和行为规范,通过"修己以敬"来"安人""安百姓",实现"不动而化""不言而信"。

我们且看以下诸章:

> 子曰:"为政以德,譬如北辰,居其所而众星共之。"
> (2.1)

> 季康子问政于孔子。孔子对曰:"政者,正也。子帅以正,孰敢不正?"(12.17)

> 子曰:"苟正其身矣,于从政乎何有? 不能正其身,如正人何?"(13.13)

> 子曰:"其身正,不令而行;其身不正,虽令不从。"
> (13.6)

在孔子看来,理想的君民间的政治秩序是一种基于"典范—模仿"关系基础之上的审美秩序,统治者只要"其身正",便能稳"居其所","不令而行",实现无为而治。孔子所言的"无为"与道家的"无为"是有区别的。道家认为，"以智治国，国之贼"，"夫礼者，忠信之薄而乱之首"，"绝仁弃义，民复孝慈"，"法令滋彰，盗贼多有"。道家的"无为"是从根本上摒绝"人为"，即以"不治"治之。而孔子所提倡的"无为"则是小事不为、大德必为，通过道德力量实现天下大治。可见，"无为而治"四字中，"无为"是途径，"治"并非动词"治理"，而是与"乱"相对，是"无为"的结果。无为而治就是统治者不为具体政事而为道德修养，进而以德化人，实现天下大治。这在一定程度上可以解释"子路、曾皙、冉有、公西华侍坐"一章中，子路、冉有、公西华三子皆于政事有为，而孔子赞赏的却是"浴乎沂，风乎舞雩，咏而归"的曾皙，因为曾皙所描绘的正是天下大治的美好图景。

2. 天下大同

孔子曰："大道之行也，与三代之英，丘未之逮也，而有志焉。

"大道之行也，天下为公，选贤与能，讲信修睦。故人不独亲其亲，不独子其子。使老有所终，壮有所用，幼有所长，矜寡孤独废疾者，皆有所养。男有分，女有归，货恶其弃于地也，不必藏于己，力恶其不出于身也，不必为己。是故谋闭而不兴，盗窃乱贼而不作。故外户而不闭，是谓大同。

"今大道既隐，天下为家。各亲其亲，各子其子，货力为己。大人世及以为礼，域郭沟池以为固。礼义以为纪，以正君臣，以笃父子，以睦兄弟，以和夫妇，以设制度，以立田里，以贤勇知，以功为己。故谋用是作，而兵由此起。禹、汤、文、武、成王、周公，由此其选也。此六君子者，未有不谨于礼者也。以著其义，以考其信，著有过，刑仁、讲让，

示民有常。如有不由此者，在势者去。众以为殃。是谓

小康。"

孔子对夏、商、周三代杰出君主在位的时代十分向往。他认为，那是大道实行的时代，天下为公，贤人治世，人人都能得到社会关爱、安居乐业，货尽其用，人尽其才，人人无私无己，社会安定和谐，孔子称之为"大同社会"。从某种意义上讲，大同社会有民主政治与共产主义色彩，这是孔子心目中理想的政治模式。

后来，大道隐去，"公天下"变为"家天下"，"私欲"胜过"公义"，如果没有贤君圣主，天下容易大乱。这期间，夏禹、商汤、周文王、周武王、周成王、周公等六位"君子"，以礼义为纪，刑仁讲让，社会依然是安定和谐的。孔子把这样的社会称为"小康社会"。

我们常说，孔子一生志在恢复周礼，而周礼其实就是小康社会最后一段井然有序的制度、模式。事实上，孔子更加向往的是"天下为公"的大同社会，周礼所代表的小康社会已经是孔子退而求其次的追求了。在当时那个时代，这都已成为奢求，孔子一生郁郁不得志可见一斑。

二、孔子的治国方略

孔子的治国方略，可以概括为三点：以德治国，以礼治国，以教治国。

1.慎用政刑，导德齐礼

季康子问政于孔子曰："如杀无道，以就有道，何如？"

孔子对曰："子为政，焉用杀？子欲善而民善矣。君子之德

风,小人之德草。草上之风,必偃。"(12.19)

孔子反对以政令、刑罚治国,而提倡以"德"和"礼"来治国。季康子准备以"杀无道"的方式来"就有道",孔子明确反对,他认为道德示范与引领比杀伐更有作用。孔子反对刑杀,尤其反对"不教而杀",他曾说:"不教而杀谓之虐。"(20.2)。而导德齐礼,可以在很大程度上避免这一问题。

> 子曰:"道之以政,齐之以刑,民免而无耻;道之以德,齐之以礼,有耻且格。"(2.3)

> 礼云礼云,贵绝恶于未萌,而起敬于微眇,使民日徙善远罪而不自知也。 　　　　　　　　(《大戴礼记·礼察》)

孔子说:"用行政命令来引导,用刑法来处罚,人民虽然能避免犯罪,但还不是从心里知道犯罪是可耻的;用道德教化来治理,用礼来约束,人民就会有羞耻之心,而且会人心归服。"以政刑治世,人民会钻法律的空子,不断试探和触碰道德与法律的底线;而用建立在道德基础上的礼制治世,社会靠着舆论和羞耻感的力量就能形成对个人行为的规范,"绝恶于未萌,而起敬于微眇",而且人民会在共同遵守和维护礼的过程中不断提升个人品质,"日徙善远罪而不自知也"。

从时效性上讲,"礼者禁于将然之前,法者禁于已然之后"(《大戴礼记·礼察》)。从成本上讲,以礼治国可以节约社会成本。当一个人连非礼之事都不做的时候,绝不会做非法之事。若没有道德作为基础,必然求助于庞大的警察队伍、复杂的监察机构,产生一系列人力、物力资源的消耗。

导德齐礼,听起来很美好,如何实现呢? 这要从礼的产生说起——

> 人生而有欲,欲而不得,则不能无求;求而无度量分界,则不能不争;争则乱,乱则穷。先王恶其乱也,故制礼义以分之,以养人之欲,给人之求。
>
> (《荀子·礼论》)

简而言之,先贤们认识到了"人生而有欲,有欲必有所求"这一前提,为避免人们因欲望之争而使社会陷入混乱,就要制定规矩,这就是礼。规矩的基本要求是确定什么人做什么事,所以礼治的前提是给人群分类,确定名分。《论语》13.3章中,孔子提出"正名"的政治主张,认为"名不正,则言不顺;言不顺,则事不成;事不成,则礼乐不兴;礼乐不兴,则刑罚不中;刑罚不中,则民无所错手足"。在这里,孔子把"正名"作为一项政治举措提出来,要求用礼的规定去纠正现实生活中人们越出名分的行为,以维护天下正道(也就是周礼)。名分确立之后,就可以循名责实,使人各居其位,各尽其分,天下事自然有条不紊,顺理成章。

在导德齐礼的过程中,儒家特别重视以孝养德,通过培养孝悌这一"仁之本"(1.2)来提升人民的道德水准,使德治和礼治卓有成效。

> 曾子曰:"慎终,追远,民德归厚矣。"(1.9)

曾子说:"谨慎地办理好丧事,虔诚地追祭祖先,那么百姓的道德就会归于忠厚老实。"这句话可以从统治者和老百姓两个主体来理解。统治者自身"慎终，追远"，力行孝道，垂范于民，百姓就会效而仿之，而孝悌又是"仁之本"，久而久之，整个社会就会形成"民德归厚矣"的良好精神风貌和社会习气。而百姓"慎终，追远"，在家尽孝于亲，于国就能尽忠于君，这对维护统治秩序也大有裨益。

2. 修己治人，内圣外王

子曰："为政以德，譬如北辰，居其所而众星共之。"(2.1)

孔子说："治理国家的人用道德教化来推行政治，他就像北极星一样，处于一定的方位上，而群星都环绕在其周围。""为政以德"，以德治国，是孔子治国方略中最核心的部分。

前文说过，孔子提倡无为而治，希望统治者无为小事而为大德，加强自身修养。因此，以德治国最核心的环节就是为政者正身以率下，修己而治人。

孔子晚年归鲁后，以顾问、国老的身份"与闻国政"，接受并回答鲁国君臣的咨询。

季康子问："使民敬、忠以劝，如之何？"子曰："临之以庄，则敬；孝慈，则忠；举善而教不能，则劝。"(2.20)

季康子问政于孔子。孔子对曰："政者，正也。子帅以正，孰敢不正？"(12.17)

季康子患盗，问于孔子。孔子对曰："苟子之不欲，虽赏之不窃。"(12.18)

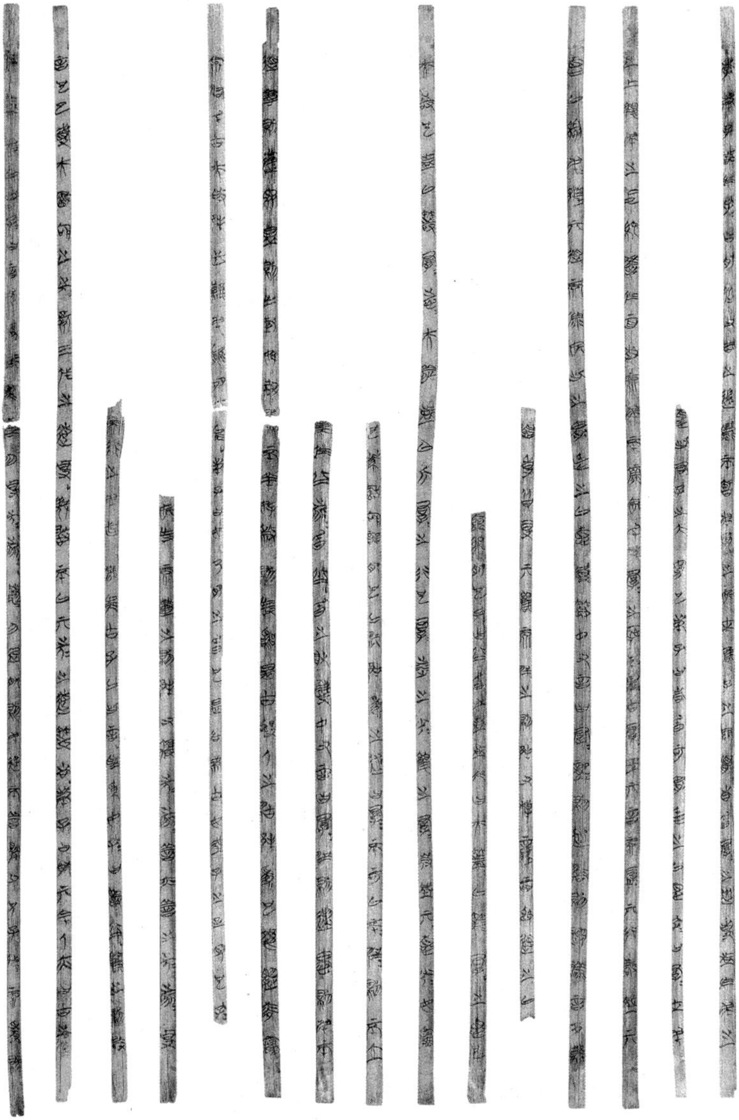

● 图2-3　上海博物馆藏战国楚竹书《李庚子问于孔子》

季康子问政于孔子曰:"如杀无道,以就有道,何如?"
孔子对曰:"子为政,焉用杀?子欲善而民善矣。君子之德
风,小人之德草。草上之风,必偃。"(12.19)

2.20章中,季康子问:"要使人民对我尊敬,对我忠实而又勤勉努
力,该怎么办呢?"孔子回答:"你对待百姓庄重严肃,百姓就会
心存恭敬;你孝顺父母,慈爱幼小,百姓就会尽心竭力,忠心于
你;你提拔好人,教化能力弱的人,百姓就会互相劝勉,加倍努
力。"这一章里,孔子未提一个"德"字,所谈的却无一不是为君
之德。

12.17和12.18两章中,季康子向孔子请教如何处理政事、
如何杜绝偷盗,孔子明确提出,只要统治者自身行为端正,带头
走正道,百姓自然也就不会偏离正道了。相似的观点在13.13
和13.6两章中亦有体现。

12.19章中,季康子准备以杀伐之道陟罚臧否,孔子明确表
示反对,认为只要统治者"欲善",百姓自然向善。领导人的品德
就像是风,老百姓的品德就像是草,风吹向哪边,草便倒向哪边。

我们都知道,孔子回答诸弟子提问时,常常因人而异,因材
施教,他对政治家的回答其实亦是如此。分析孔子与季康子的
对答,我们隐约能感到,孔子不认为季康子已经"正其身",因而
反复以"正身""修德"提点他。

叶公问政。子曰:"近者悦,远者来。"(13.16)

楚国的叶公向孔子问政,孔子说:"使近处的人民感到高兴,使
远处的人民来投奔归附。"如何"悦近来远"呢?在16.1章中,
孔子明确指出:"远人不服,则修文德以来之。"在13.4章中,孔

子也指出："上好礼，则民莫敢不敬；上好义，则民莫敢不服；上好信，则民莫敢不用情。夫如是，则四方之民襁负其子而至矣。"由此可见，孔子认为，只要统治者修养自身品德，以德治国，百姓自然会真心归附。亚圣孟子说："以力服人者，非心服也，力不赡也；以德服人者，中心悦而诚服也。"（《孟子·公孙丑上》）此言与孔子的主张一脉相承。

"人君先立仁于己，然后大夫忠而士信，民敦俗璞，男悫而女贞。"（《孔子家语·王言解》）以德治国对统治者首要的要求就是修己德，做到"内圣"，进而在道德上给群臣万民起模范和榜样作用，在道德的感召下，让更多的百姓"来之""安之"，达到齐家、治国、平天下的"外王"结果。

3. 举直错枉，任人唯贤

　　　哀公问曰："何为则民服？"孔子对曰："举直错诸枉，则民服；举枉错诸直，则民不服。"（2.19）

鲁哀公问孔子："怎么做才能使人民服从呢？"孔子回答："举用正直的人，放在邪曲者之上，百姓就服从；若是举用邪曲的人，放在正直者之上，百姓就不服从。"这话不知鲁哀公听懂了没有，他没有继续追问。巧合的是，孔子曾以同样的话语教导弟子樊迟，樊迟不懂，私下里又问子夏，子夏对这一理论做了进一步的解释。

　　　樊迟问仁。子曰："爱人。"问知。子曰："知人。"
　　　樊迟未达。子曰："举直错诸枉，能使枉者直。"
　　　樊迟退，见子夏曰："乡也吾见于夫子而问知，子曰，'举直错诸枉，能使枉者直'，何谓也？"
　　　子夏曰："富哉言乎！舜有天下，选于众，举皋陶，不仁

者远矣。汤有天下,选于众,举伊尹,不仁者远矣。"(12.22)

子夏告诉樊迟,舜有了天下,在众人之中把皋陶选拔出来,不仁的人就被疏远了;汤有了天下,在众人中把伊尹选拔出来,不仁的人就被疏远了。

在孔子及其弟子看来,举贤才,举直错枉,一方面可以提高政府公信力,另一方面可以匡谬正俗,引人向善,收到"民服""民善"的双重效果。

4. 君圣臣贤,君臣有义

齐景公问政于孔子。孔子对曰:"君君,臣臣,父父,子子。"公曰:"善哉! 信如君不君,臣不臣,父不父,子不子,虽有粟,吾得而食诸?"(12.11)

孔子理想中的社会秩序是"君君,臣臣,父父,子子",这句话成了后来所谓"君要臣死,臣不得不死;父要子亡,子不得不亡"的滥觞。孔子本意真的如此吗? 非也。且看3.19章:

定公问:"君使臣,臣事君,如之何?"孔子对曰:"君使臣以礼,臣事君以忠。"(3.19)

孔子口中的"君使臣以礼"与"臣事君以忠"可以理解成并列关系——君以礼待臣,臣以忠事君,君臣各守其礼,各遵其道;但或许因果关系才是孔子的本意——君要先"使臣以礼",臣才会"事君以忠",也就是说,如果君不守礼制,臣也不必行忠道。

子路问事君。子曰:"勿欺也,而犯之。"(14.22)

我们知道，子路个性伉直，孔子常以"退之"之策来教导他，但当子路问如何事君时，孔子却告诉他："不要阳奉阴违地欺骗他，而要犯颜直谏规劝他。"孔子认为，一个好的臣子要忠于君主，但不是无条件地依附和服从君主，而要以符合道义为前提。当君主犯了错误时，要尽力劝谏阻止，而不是听之任之，更不是逢君之恶、为虎作伥。季氏要讨伐颛臾，孔子指责做季氏家臣的冉有和子路没有尽到阻止季氏武力征伐和帮助季氏赢得百姓、守卫国家的责任。在季氏已经比周天子还富的情况下，冉有依然为帮他敛财，孔子一怒之下甚至说冉有"非吾徒也。小子鸣鼓而攻之，可也"（11.17），不惜把冉有逐出师门。

> 季子然问："仲由、冉求可谓大臣与？"子曰："吾以子为异之问，曾由与求之问。所谓大臣者，以道事君，不可则止。今由与求也，可谓具臣矣。"
>
> 曰："然则从之者与？"子曰："弑父与君，亦不从也。"（11.24）

当季子然问子路和冉有是否能为大臣时，孔子明确指出，二位弟子只能被称为"具臣"，虽然不会顺从上级做"弑父与君"这种大逆不道的事情，但他们未能做到"以道事君，不可则止"——用正道侍奉君主，如果这样行不通，宁可辞职不干——因而他们还不是"大臣"。由此观之，理想中的臣子绝不是具备一定能力的"具臣"，而是能践行大道、犯颜直谏的"大臣"。

5. 诚信待民，节用爱人

> 子贡问政。子曰："足食，足兵，民信之矣。"
>
> 子贡曰："必不得已而去，于斯三者何先？"曰："去兵。"

子贡曰："必不得已而去,于斯二者何先?"曰:"去食。自古皆有死,民无信不立。"(12.7)

子贡问政,孔子告诉他:"粮食充足、军备充分、人民信任,而三者中,人民信任最为重要。"《反身录》评论此章道:"人心一失,余何足恃? 虽有粟,乌得而食诸? 兵虽多,适足以阶乱。"不过,管仲曾说:"仓廪实而知礼节,衣食足而知荣辱。"孔子自己也说过,对于百姓,要先"富之"再"教之"(13.9)。因此,孔子回答子贡之问时,"足食"是置于"足兵"与"民信之"之前的。由此可见,常态之下,为政之首是使民得食,保民生计。钱穆说:"本章因子贡善问,推理至极,遂有'自古皆有死,民无信不立'之说。""推理至极"四字极当。对于这一章,我们不能将其理解为为政者不顾民命,而要理解为孔子是在强调取信于民的极端重要性。

定公问:"一言而可以兴邦,有诸?"

孔子对曰:"言不可以若是其几也。人之言曰,'为君难,为臣不易'。如知为君之难也,不几乎一言而兴邦乎?"

曰:"一言而丧邦,有诸?"

孔子对曰:"言不可以若是其几也。人之言曰,'予无乐乎为君,唯其言而莫予违也'。如其善而莫之违也,不亦善乎? 如不善而莫之违也,不几乎一言而丧邦乎?"(13.15)

鲁定公汲汲于知道一句话兴盛国家、一句话丧失国家之事,孔子回答他:"假若知道做君主难,便近于因一言而兴邦;假如说做国君的快乐莫过于无人违抗自己的命令,便近于一言而丧邦了。"这段对话里其实暗含了孔子对君与臣、君与民之间关系的思考。在《荀子·哀公》中孔子说:"君者舟也,庶人者水也。水则载舟,水则覆舟。"孔子认为,民之作用如水,既可载舟亦可覆舟。

从这个认识出发,从"修己以安人""修己以安百姓"的美好初衷出发,孔子对"苛政猛于虎"(《礼记·檀弓下》)的政治现实十分失望,他希望人君能够重视百姓、关爱百姓,做到"节用而爱人,使民以时"(1.5),做到"养民也惠""使民也义"(5.16),做到"使民如承大祭"(12.2),做到"因民之所利而利之"(20.2)。

三、对孔子治国方略的辩证思考

孔子为政以德、礼教立国的政治主张十分理想,但"公天下"变成"家天下"后,统治者自身德行堪忧,违礼、残暴之事时有发生,要求他们内圣而外王,无疑比登天还难。从普通百姓的角度来说,"仓廪实而知礼节,衣食足而知荣辱",在天下无道的乱世,人民仓廪不实、衣食难继,生存尚且困难,要求他们"知礼节""知荣辱",属实不大现实。正如孟子所言:"乐岁终身苦,凶年不免于死亡。此惟救死而恐不赡,奚暇治礼义哉!"因此,德治、礼治虽好,在无道乱世,恐怕有些过于理想化了。

再看孔子举直错枉的用人思想,颇有点"贤人政治"的意味,即依靠贤人的德行来影响和治理国家。执政者举用正直的人,压制邪曲的人,是否就一定能保证国家政治清明呢?须知人性是经不起考验的,而权力是尤其考验人性的东西,因权力而致人异化的案例不胜枚举。因此,设计合理的制度,"把权力关进笼子",就显得十分必要。

从孔子提出的"节用而爱人,使民以时""养民也惠""使民也义""因民之所利而利之"以及孔子弟子有若所言"百姓足，君孰与不足？百姓不足，君孰与足"（12.9）这种藏富于民的思想来看，孔子及其弟子已经具备了一定的民本思想，这在强调等级制度的春秋乱世是难能可贵的。我们也要看到，"使民"二字背后依然有着明显的封建等级意识，与我们今天人人平等的社会意识还是有一定差距的。

四、思考题

以德治国和以法治国，你认为哪一种方式更合理呢？

阅读材料

孔子崇尚无为而治、天下大同的社会模式,提倡为政以德、为政以礼,爱民教民。

一、政治理想

子曰:"周监于二代,郁郁乎文哉! 吾从周。"(3.14)

子曰:"巍巍乎,舜、禹之有天下也,而不与焉。"(8.18)

"而不与焉"有四解:舜、禹难道不值得赞许吗;舜、禹得到天下,不是靠夺取而来的;舜、禹得到天下,重视选贤任能,发挥大臣们的作用,自己并不亲自干预具体的政事;舜、禹得到天下,却不去谋取个人私利呀。

子曰:"无为而治者其舜也与? 夫何为哉? 恭己正南面而已矣。"(15.5)

子曰:"大哉尧之为君也! 巍巍乎! 唯天为大,唯尧则之。荡荡乎,民无能名焉。巍巍乎其有成功也,焕乎其有文章!"(8.19)

颜渊、季路侍。子曰:"盍各言尔志?"

子路曰:"愿车马衣轻裘与朋友共,敝之而无憾。"

颜渊曰:"愿无伐善,无施劳。"

子路曰:"愿闻子之志。"

子曰:"老者安之,朋友信之,少者怀之。"(5.26)

"无伐善"有二解:不夸耀自己的长处;不要戕伐好善之人。
"无施劳"有二解:不表白自己的功劳;不要把劳苦之事施加
到别人(或人民)身上。"老者安之,朋友信之,少者怀之"有二
解:使老年人安康舒适,使朋友互相信任,使年轻人得到关怀养
护;使老年人心安于我,使朋友信任我,使年轻人怀念我。

子路、曾皙、冉有、公西华侍坐。

子曰:"以吾一日长乎尔,毋吾以也。居则曰,'不吾
知也'。如或知尔,则何以哉?"子路率尔而对曰:"千乘之
国,摄乎大国之间,加之以师旅,因之以饥馑;由也为之,比
及三年,可使有勇,且知方也。"

夫子哂之。

"求!尔何如?"

对曰:"方六七十,如五六十,求也为之,比及三年,可
使足民。如其礼乐,以俟君子。"

"赤!尔何如?"

对曰:"非曰能之,愿学焉。宗庙之事,如会同,端章
甫,愿为小相焉。"

"点!尔何如?"

鼓瑟希,铿尔,舍瑟而作,对曰:"异乎三子者之撰。"

子曰:"何伤乎?亦各言其志也。"

曰:"莫春者,春服既成,冠者五六人,童子六七人,浴

乎沂,风乎舞雩,咏而归。”

　　夫子喟然叹曰:“吾与点也!”

　　三子者出,曾皙后。曾皙曰:“夫三子者之言何如?”

　　子曰:“亦各言其志也已矣。”

　　曰:“夫子何哂由也?”

　　曰:“为国以礼,其言不让,是故哂之。”

　　“唯求则非邦也与?”

　　“安见方六七十如五六十而非邦也者?”

　　“唯赤则非邦也与?”

　　“宗庙会同,非诸侯而何? 赤也为之小,孰能为之大?”
（11.26）

　　有国有家者,不患寡而患不均,不患贫而患不安。盖均无贫,和无寡,安无倾。(16.1)

“不患寡而患不均,不患贫而患不安”当作“不患贫而患不均,不患寡而患不安”。“寡”和“贫”属于经济发展问题,“不患寡”“不患贫”在世界快速发展的今天,已经比较落后。“均”是社会公平问题,“和”和“安”是国家安全问题,这些问题在今天依然是值得重视的重要问题。

　　子曰:“泰伯,其可谓至德也已矣。三以天下让,民无得而称焉。”(8.1)

二、政治理念

　　子曰:“道之以政,齐之以刑,民免而无耻;道之以德,

齐之以礼,有耻且格。"(2.3)

子曰:"知及之,仁不能守之,虽得之,必失之。知及之,仁能守之,不庄以莅之,则民不敬。知及之,仁能守之,庄以莅之,动之不以礼,未善也。"(15.33)

1. 以德治国

子曰:"为政以德,譬如北辰,居其所而众星共之。"(2.1)

《孟子·公孙丑上》说:"以力服人者,非心服也,力不赡也;以德服人者,中心悦而诚服也。"为政者以德服人,百姓才能心悦诚服地拥护他。

季康子问政于孔子。孔子对曰:"政者,正也。子帅以正,孰敢不正?"(12.17)

子曰:"苟正其身矣,于从政乎何有? 不能正其身,如正人何?"(13.13)

子曰:"其身正,不令而行;其身不正,虽令不从。"(13.6)

季康子患盗,问于孔子。孔子对曰:"苟子之不欲,虽赏之不窃。"(12.18)

以上诸章共谈为政者的道德示范作用。朱熹说:"有善于己,然后可以责人之善;无恶于己,然后可以正人之恶。"可作为对以上内容的补充。

> 曾子曰:"慎终,追远,民德归厚矣。"(1.9)

> 季康子问:"使民敬、忠以劝,如之何?"子曰:"临之以庄,则敬;孝慈,则忠;举善而教不能,则劝。"(2.20)

> 子曰:"居上不宽,为礼不敬,临丧不哀,吾何以观之哉?"(3.26)

> 季康子问政于孔子曰:"如杀无道,以就有道,何如?"孔子对曰:"子为政,焉用杀?子欲善而民善矣。君子之德风,小人之德草。草上之风,必偃。"(12.19)

> 子曰:"'善人为邦百年,亦可以胜残去杀矣。'诚哉是言也!"(13.11)

善人为邦百年,方能"化残暴之人,使不为恶",使"民化于善,可以不用刑杀"(《论语集注》),可见孔子亦知以德化民而达天下至治的政治理想实现起来有多困难。

> 樊迟请学稼。子曰:"吾不如老农。"请学为圃。曰:"吾不如老圃。"
> 樊迟出。子曰:"小人哉,樊须也!上好礼,则民莫敢不敬;上好义,则民莫敢不服;上好信,则民莫敢不用情。夫如是,则四方之民襁负其子而至矣,焉用稼?"(13.4)

叶公问政。子曰:"近者悦,远者来。"(13.16)

子路问君子。子曰:"修己以敬。"

曰:"如斯而已乎?"曰:"修己以安人。"

曰:"如斯而已乎?"曰:"修己以安百姓。修己以安百姓,尧、舜其犹病诸?"(14.42)

尧曰:"咨!尔舜!天之历数在尔躬,允执其中。四海困穷,天禄永终。"

舜亦以命禹。

曰:"予小子履敢用玄牡,敢昭告于皇皇后帝,有罪不敢赦。帝臣不蔽,简在帝心。朕躬有罪,无以万方;万方有罪,罪在朕躬。"

周有大赉,善人是富。"虽有周亲,不如仁人。百姓有过,在予一人。"

谨权量,审法度,修废官,四方之政行焉。兴灭国,继绝世,举逸民,天下之民归心焉。

所重:民、食、丧、祭。

宽则得众,信则民任焉,敏则有功,公则说。(20.1)

这一章有两个层次。第一层是"史",记载尧帝以来历代先圣先王的遗训。要点有二:以义安命,德义决定命数;推功揽过。第二层是"论",是孔子(或许还有其弟子及再传弟子)对三代以来美德善政的概括,是有关治国、安邦、平天下思想的总结,主要是从政令、民心、施政重点、为政者自身修养四个方面来谈的。

哀公问曰:"何为则民服?"孔子对曰:"举直错诸枉,

则民服；举枉错诸直，则民不服。"（2.19）

樊迟问仁。子曰："爱人。"问知。子曰："知人。"

樊迟未达。子曰："举直错诸枉，能使枉者直。"

樊迟退，见子夏曰："乡也吾见于夫子而问知，子曰，'举直错诸枉，能使枉者直'，何谓也？"

子夏曰："富哉言乎！舜有天下，选于众，举皋陶，不仁者远矣。汤有天下，选于众，举伊尹，不仁者远矣。"（12.22）

仲弓为季氏宰，问政。子曰："先有司，赦小过，举贤才。"

曰："焉知贤才而举之？"

子曰："举尔所知；尔所不知，人其舍诸？"（13.2）

"举尔所知；尔所不知，人其舍诸"一句过于理想化了，纯靠伯乐识千里马，非但不现实，而且不公平。

周公谓鲁公曰："君子不施其亲，不使大臣怨乎不以。故旧无大故，则不弃也。无求备于一人！"（18.10）

此章中的四条要求皆围绕人际关系，且特别强调亲族、故旧。这样的主张有温情脉脉的一面，也有和谐共处的好处，但容易造成人情关系压倒一切的弊病。费孝通《乡土中国》中说：中国人办事不是靠契约与法律，而是靠关系。这种人情文化、关系文化，或许正与孔子有关。

曾子曰："慎终，追远，民德归厚矣。"（1.9）

或谓孔子曰:"子奚不为政?"子曰:"《书》云,'孝乎惟孝,友于兄弟,施于有政'。是亦为政,奚其为为政?"(2.21)

子贡问政。子曰:"足食,足兵,民信之矣。"

子贡曰:"必不得已而去,于斯三者何先?"曰:"去兵。"

子贡曰:"必不得已而去,于斯二者何先?"曰:"去食。自古皆有死,民无信不立。"(12.7)

子夏曰:"君子信而后劳其民;未信,则以为厉己也。信而后谏;未信,则以为谤己也。"(19.10)

子曰:"道千乘之国,敬事而信,节用而爱人,使民以时。"(1.5)

子谓子产:"有君子之道四焉。其行己也恭,其事上也敬,其养民也惠,其使民也义。"(5.16)

子曰:"民可使由之,不可使知之。"(8.9)

此章有四解:对老百姓,可以使他们顺着当政者所指点的路线去走,而不可以使他们知道为什么这样走;对老百姓,可以使他们顺着当政者所指点的路线去走,但让他们都了解为什么要这样做是很难的(即教化百姓很难);百姓认同,就让他们照着做,不认同,就设法使其了解;百姓可以使唤,就让他们这样做,不可以使唤,就要了解他们到底想怎么做。本书取第二种解读。

定公问:"一言而可以兴邦,有诸?"

234

孔子对曰:"言不可以若是其几也。人之言曰,'为君难,为臣不易'。如知为君之难也,不几乎一言而兴邦乎?"

曰:"一言而丧邦,有诸?"

孔子对曰:"言不可以若是其几也。人之言曰,'予无乐乎为君,唯其言而莫予违也'。如其善而莫之违也,不亦善乎? 如不善而莫之违也,不几乎一言而丧邦乎?"(13.15)

哀公问于有若曰:"年饥,用不足,如之何?"

有若对曰:"盍彻乎?"

曰:"二,吾犹不足,如之何其彻也?"

对曰:"百姓足,君孰与不足? 百姓不足,君孰与足?"(12.9)

藏富于民,有若之言仁且智。

季氏富于周公,而求也为之聚敛而附益之。子曰:"非吾徒也。小子鸣鼓而攻之,可也。"(11.17)

季子然问:"仲由、冉求可谓大臣与?"子曰:"吾以子为异之问,曾由与求之问。所谓大臣者,以道事君,不可则止。今由与求也,可谓具臣矣。"

曰:"然则从之者与?"子曰:"弑父与君,亦不从也。"(11.24)

子路问事君。子曰:"勿欺也,而犯之。"(14.22)

子曰:"事君,敬其事而后其食。"(15.38)

季氏将伐颛臾。冉有、季路见于孔子曰："季氏将有事于颛臾。"

孔子曰："求！无乃尔是过与？夫颛臾，昔者先王以为东蒙主，且在邦域之中矣，是社稷之臣也。何以伐为？"

冉有曰："夫子欲之，吾二臣者皆不欲也。"

孔子曰："求！周任有言曰，'陈力就列，不能者止'。危而不持，颠而不扶，则将焉用彼相矣？且尔言过矣，虎兕出于柙，龟玉毁于椟中，是谁之过与？"

冉有曰："今夫颛臾，固而近于费。今不取，后世必为子孙忧。"

孔子曰："求！君子疾夫舍曰欲之而必为之辞。丘也闻有国有家者，不患寡而患不均，不患贫而患不安。盖均无贫，和无寡，安无倾。夫如是，故远人不服，则修文德以来之。既来之，则安之。今由与求也，相夫子，远人不服，而不能来也；邦分崩离析，而不能守也；而谋动干戈于邦内。吾恐季孙之忧，不在颛臾，而在萧墙之内也。"（16.1）

这是《论语》中非常有名且字数最多的篇章之一。孔子洋洋数言，先列出不能伐颛臾的三条理由，再指出二弟子辅佐季氏而不能劝阻季氏行不义之举的过错，接着教授弟子治国正道，最后揭穿季氏野心以防二位弟子助纣为虐。

子曰："听讼，吾犹人也。必也使无讼乎！"（12.13）

孟氏使阳肤为士师，问于曾子。曾子曰："上失其道，民散久矣。如得其情，则哀矜而勿喜！"（19.19）

子张问政。子曰:"居之无倦,行之以忠。"(12.14)

子路问政。子曰:"先之劳之。"请益。曰:"无倦。"(13.1)

子路好勇,"勇者喜于有为而不能持久"(《论语集注》),故而孔子以此教之。

子张问于孔子曰:"何如斯可以从政矣?"

子曰:"尊五美,屏四恶,斯可以从政矣。"

子张曰:"何谓五美?"

子曰:"君子惠而不费,劳而不怨,欲而不贪,泰而不骄,威而不猛。"

子张曰:"何谓惠而不费?"

子曰:"因民之所利而利之,斯不亦惠而不费乎?择可劳而劳之,又谁怨?欲仁而得仁,又焉贪?君子无众寡,无小大,无敢慢,斯不亦泰而不骄乎?君子正其衣冠,尊其瞻视,俨然人望而畏之,斯不亦威而不猛乎?"

子张曰:"何谓四恶?"

子曰:"不教而杀谓之虐;不戒视成谓之暴;慢令致期谓之贼;犹之与人也,出纳之吝谓之有司。"(20.2)

"五美"是讲仁政,其中"惠而不费,劳而不怨"是"政","欲而不贪,泰而不骄,威而不猛"是"正"。"四恶"是讲苛政,其中"虐"是残忍,"暴"是暴躁,"贼"是害人,"有司"是小气。有人说,集"君""亲""师"三者于一身,方是好领导。"不教而杀""不戒视成"是兀师教之德;"慢令致期"是兀君上之风;"犹之与人也,出纳之吝",不舍得付出,是兀父母关爱施与之情。

237

子曰："好勇疾贫,乱也。人而不仁,疾之已甚,乱也。"
（8.10）

2. 以礼治国

子曰："能以礼让为国乎？何有？不能以礼让为国,如礼何？"（4.13）

子曰："恭而无礼则劳,慎而无礼则葸,勇而无礼则乱,直而无礼则绞。君子笃于亲,则民兴于仁；故旧不遗,则民不偷。"（8.2）

齐景公问政于孔子。孔子对曰："君君,臣臣,父父,子子。"公曰："善哉！信如君不君,臣不臣,父不父,子不子,虽有粟,吾得而食诸？"（12.11）

子路曰："卫君待子而为政,子将奚先？"

子曰："必也正名乎！"

子路曰："有是哉,子之迂也！奚其正？"

子曰："野哉,由也！君子于其所不知,盖阙如也。名不正,则言不顺；言不顺,则事不成；事不成,则礼乐不兴；礼乐不兴,则刑罚不中；刑罚不中,则民无所错手足。故君子名之必可言也,言之必可行也。君子于其言,无所苟而已矣。"（13.3）

此章可结合7.15章和12.11章来理解。在卫国父子争位、朝政混乱的情况下,"正名"（即定名分）确实是解决混乱局面、回归有序治理的首要条件。孔子的"正名"思想，其实暗含了政治程序化、规范化、制度化的意识。

> 孔子曰："天下有道，则礼乐征伐自天子出；天下无道，则礼乐征伐自诸侯出。自诸侯出，盖十世希不失矣；自大夫出，五世希不失矣；陪臣执国命，三世希不失矣。天下有道，则政不在大夫。天下有道，则庶人不议。"（16.2）

> 定公问："君使臣，臣事君，如之何？"孔子对曰："君使臣以礼，臣事君以忠。"（3.19）

3. 以教治国

> 子适卫，冉有仆。子曰："庶矣哉！"
> 冉有曰："既庶矣，又何加焉？"曰："富之。"
> 曰："既富矣，又何加焉？"曰："教之。"（13.9）

> 子之武城，闻弦歌之声。夫子莞尔而笑，曰："割鸡焉用牛刀？"
> 子游对曰："昔者偃也闻诸夫子曰，'君子学道则爱人，小人学道则易使也'。"
> 子曰："二三子！偃之言是也。前言戏之耳。"（17.4）

孔子的"割鸡焉用牛刀"之喻有二解：一言治小邑无须用礼乐大道，一言治小邑无须子游之大才。前者更为恰当。孔子"莞尔而笑"，是为弟子施礼乐之道于世而深感喜悦。

第二课

政治担当：济世安民

孔子一生志于恢复周礼，重建天下秩序，而他的仕途却实在不顺。梳理孔子的从政生涯、从政心态，我们不能不为孔子"知其不可而为之"(14.38)的孤勇和济世安民的情怀所感动。

一、生逢乱世，从政则殆

孔子生于公元前551年，卒于公元前479年，生活在春秋后期。这一时期，周王室式微，诸侯国势力逐渐强大。各诸侯国为争夺霸权，不断发起兼并战争。据不完全统计，这一段时间发生了133场战争，其中宋与郑52战，齐与晋25战，晋与楚22战，楚与吴24战，吴与越10战。毫不夸张地说，当时的天下战乱频仍。

当时周天子名存实亡，诸侯各自为政。然而真正执掌各国大权的，往往也并非国君，而是卿大夫。我们以鲁国为例，执掌鲁国大权的并非鲁国国君，而是卿大夫孟孙氏、叔孙氏、季孙氏三家(一般称之为"三家"或"三桓")，其中季孙氏势力最强。《论语》3.1章记载了只配享用"四佾"舞蹈方队的季氏用了周天子才能享用的"八佾"方队，3.2章记载了三家用周天子祭祖时才能用的《雍》乐祭祖，3.6章记载了季氏去祭祀只有周天子才有资格去祭的泰山，11.17章记载了季氏竟然比周天子还要富裕，由此四则可知，作为卿大夫的季氏在礼制上是严重僭越的。《论语》18.9章还记载了鲁国公室的各位乐师流亡四方，各寻出路，可见鲁国公室已日益衰微，难兴礼乐。这些章句告诉我们，这是一个礼崩乐坏的时代。

司马迁的《史记》记载："《春秋》之中，弑君三十六，亡国五十二，诸侯奔走不得保其社稷者不可胜数。"《论语》14.21章记载了齐国权臣陈成子弑齐简公，16.1章记载了季氏以讨伐颛臾为借口觊觎鲁哀公的政权，《史记·孔子世家》中记载了鲁昭公被三桓赶出鲁国。由此可见，对季氏这样的卿大夫而言，他们绝不满足于只在礼制上僭越，将国君取而代之才是他们的终极目的。那么，卿大夫取国君而代之之后，是不是就高枕无忧了呢？非也。季氏架空鲁君，自己把持朝政，而季氏的家臣阳虎（即所谓"臣之臣""陪臣"）又控制季氏，执掌了季氏大权，出现了所谓"陪臣执国命"的局面。当时诸侯取代周天子，卿大夫取代诸侯，陪臣取代卿大夫。简而言之，君臣失纪，乱臣贼子当道。

楚狂接舆曾经告诫孔子，"今之从政者殆而"——如今从政的人很危险。结合以上情况，接舆此言确有道理。事实上，不仅是国君和有权势的卿大夫这些有权者处于危险之中，贤臣同样身处险境，《史记·孔子世家》中就记载了晋国的贤臣窦鸣犊、舜华为权臣赵简子所害的故事。对于这一点，其实孔子应当深有体会。我们简单罗列孔子在周游列国、游说诸侯时的几次历险就知道了——在齐国，遭人暗害；在卫国，遭人诬陷；在匡地，被人拘留；在宋国，被人追杀；在蒲地，被人阻截；在陈、蔡，被人围困，以致弹尽粮绝……总之，在那样的时代，入世是极凶险的。

战乱频仍，礼崩乐坏，君臣失纪，乱贼当道，入世危险，这就是孔子生活的时代。

二、待贾而沽,积极入世

生逢乱世的孔子,一心想要恢复天下秩序,他迫切地想在治政上有所作为,恢复周礼,一匡天下。

> 子贡曰:"有美玉于斯,韫椟而藏诸? 求善贾而沽诸?"
> 子曰:"沽之哉! 沽之哉! 我待贾者也。"(9.13)

子贡问孔子:"有一块美玉在这里,是把它放在柜子里收藏起来呢,还是找一个识货的商人卖掉它呢?"子贡表面上是问玉,实际上是在含蓄地问孔子要不要出来做官。孔子的回答非常坦率:"卖了它吧! 卖了它吧! 我正等着识货的商人哩!"从这段对话中我们不难看出孔子积极甚至急于从政的心情。

久无人识,孔子又发出了这样的感慨:

> 苟有用我者,期月而已可也,三年有成。(13.10)

翻译成现代汉语就是:"如果有人用我治理国家,一年就可以初具规范,有可观之处,三年就会大有成效。"这里孔子并非言过其实,《史记·孔子世家》记载:"定公以孔子为中都宰,一年,四方则之。"可见孔子所言非虚。

不管怎样,从这两章中我们能看出,孔子的入世之心是积极的,甚至是焦急而迫切的。

正因如此,才有了《论语》中的如下两章:

> 公山弗扰以费畔,召,子欲往。

子路不说,曰:"末之也,已,何必公山氏之之也?"

子曰:"夫召我者,而岂徒哉? 如有用我者,吾其为东周乎!"(17.5)

佛肸召,子欲往。

子路曰:"昔者由也闻诸夫子曰,'亲于其身为不善者,君子不入也'。佛肸以中牟畔,子之往也,如之何?"

子曰:"然,有是言也。不曰坚乎,磨而不磷;不曰白乎,涅而不缁。吾岂匏瓜也哉? 焉能系而不食?"(17.7)

鲁定公五年(前505年)至鲁定公九年(前501年),鲁国权臣季氏的家臣阳虎叛乱,失败出逃,其党羽公山弗扰据守费邑而叛,公山氏邀请孔子出山相助,孔子动心欲往。鲁哀公五年(前490年),晋国赵简子伐中牟,佛肸据守中牟叛乱,也邀请孔子相助,孔子又跃跃欲试。幸好子路劝住了孔子,不然孔子人生履历中可能就多了两笔消抹不尽的污点。

三、无人理解,怃然而叹

孔子的积极入世,招来了隐士对他的嘲讽与批判。

隐士微生亩说:"孔丘啊,你为什么要这样忙碌不安、到处游说呢? 这样岂不成了花言巧语、卖弄口才的人了吗?"我们知道孔子曾在《论语》中反复说"巧言令色,鲜矣仁",微生亩以其人之道还治其人之身,这番嘲讽可谓力度非凡。隐士楚狂接舆则以治世才能出现的凤鸟来比喻孔子,批评孔子乱世出来为官有损品德。荷蓧丈人则批判孔子"四体不勤,五谷不分",说他不务实不参加劳动,只热衷于政治而去周游列国宣扬没用的政治理论,没有什么意义。

对孔子影响最大的,或许是长沮、桀溺的嘲讽。

> 长沮、桀溺耦而耕,孔子过之,使子路问津焉。
>
> 长沮曰:"夫执舆者为谁?"
>
> 子路曰:"为孔丘。"
>
> 曰:"是鲁孔丘与?"
>
> 曰:"是也。"
>
> 曰:"是知津矣。"
>
> 问于桀溺。
>
> 桀溺曰:"子为谁?"
>
> 曰:"为仲由。"
>
> 曰:"是鲁孔丘之徒与?"
>
> 对曰:"然。"
>
> 曰:"滔滔者天下皆是也,而谁以易之? 且而与其从辟人之士也,岂若从辟世之士哉?"耰而不辍。
>
> 子路行以告。
>
> 夫子怃然曰:"鸟兽不可与同群,吾非斯人之徒与而谁与? 天下有道,丘不与易也。"(18.6)

长沮、桀溺在孔子派子路向其"问津"时嘲讽孔子"知津"——你孔丘汲汲于拨乱反正,处处兜售政治主张,给人指点迷津,自然通达世事,哪还需要向我们问津呢! 他们劝子路,与其跟随孔子这个"辟人之士",不如跟随他们这样的"辟世之士"。

桀溺称孔子为"辟人之士",是非常恰当的。我们知道,孔子的政治理念以复周礼、正名分、行仁义为纲领,这样的理念自然难为当世所容。而孔子面对无道的政治环境,依然坚持自己的政治伦理道德标准,决不降格以求。18.4章中,鲁国国君和卿大夫沉迷于齐国送来的女色,孔子去鲁适卫。15.1章中,卫灵公虽然给了孔子极高的待遇,却不行仁政,只思打打杀杀,孔子第二天就去卫适陈。一君不明,则另择明君。孔子从35岁赴齐求仕到68岁由卫返鲁,辗转于鲁、齐、卫、曹、宋、郑、陈、蔡、楚各国之间,孜孜厄厄,栖栖惶惶,始终未能得偿所愿,"去"字可谓贯穿了孔子的宦游生涯。此种情境下,除了"去",还有别的选择吗?桀溺给出的答案是"隐",即做"辟世之士"。

子路将桀溺的话转告给孔子后,孔子说:"鸟兽不可与同群,吾非斯人之徒与而谁与?天下有道,丘不与易也。"孔子认为,生而为人,就应在人类社会中实现自己的价值;一味避世与躬耕山野并不能解决问题,反而有消极逃遁的嫌疑。如果天下政治清明,他就不会汲汲于参与改革了。孔子何尝不知天下滔滔,无处不乱。正因为天下无道,他才要参与变革,改变现实。

值得注意的是,这两句话前有一个词——"怃然"。要知道,夫子一生颠沛流离,历经艰难坎坷,但他向来是临危不惧、处变不惊的。面对桓魋的追杀,孔子说:"桓魋其如予何?"(7.23)面对匡人的围困,孔子说:"匡人其如予何?"(9.5)在陈、蔡被围时,粒米难寻,从者皆病,孔子还能泰然自若地讲课、诵诗、弹琴、歌唱。临危不惧、处变不惊,夫子何其伟岸!伟岸的夫子在这里却怃然了!"怃然"一词在《论语》全书中只出现了一次,说明长沮、桀溺的嘲讽对孔子的触动非常大,深深刺痛了他的内心,竟使一向临危不惧、处变不惊的孔子惆怅失落了。

四、出入两难,矛盾纠结

钱穆说:"孔子虽有志用世,而亦深有取乎隐者。"也就是说,孔子的入世之志是坚定执着的,也是矛盾纠结的。

在18.5章中,接舆说孔子"何德之衰",认为天下无道而仕,就是与乱臣贼子同流合污,是不道德的。那孔子又是怎样想的呢?

> 子曰:"笃信好学,守死善道。危邦不入,乱邦不居。天下有道则见,无道则隐。邦有道,贫且贱焉,耻也;邦无道,富且贵焉,耻也。"(8.13)

> 宪问耻。子曰:"邦有道,榖;邦无道,榖,耻也。"
> "克、伐、怨、欲不行焉,可以为仁矣?"子曰:"可以为难矣,仁则吾不知也。"(14.1)

> 子曰:"国无道,隐之可也;国有道,则衮冕而执玉。"
>
> (《孔子家语·三恕》)

从以上内容可知,在孔子看来,政治清明则当出仕,不出仕是可耻的;政治混乱则当退隐,不退隐也是可耻的。由此可知,在天下无道之时选择隐退,孔子是赞同的。而且他对隐士其实相当推崇。

> 子曰:"贤者辟世,其次辟地,其次辟色,其次辟言。"(14.37)

> 逸民:伯夷、叔齐、虞仲、夷逸、朱张、柳下惠、少连。
> 子曰:"不降其志,不辱其身,伯夷、叔齐与!"谓:"柳下惠、少连,降志辱身矣,言中伦,行中虑,其斯而已矣。"谓:"虞

仲、夷逸，隐居放言，身中清，废中权。我则异于是，无可无不可。"（18.8）

14.37章中，孔子明确说"贤者辟世，其次辟地，其次辟色，其次辟言"，接舆、长沮、桀溺等人就是"辟世"，而孔子自己就是"辟地""辟色""辟言"。他自认在保全节操上不如隐士，这是无奈的事实。

18.8章中，孔子把隐士分成了三类：

第一类，"不降其志，不辱其身"——不降低自己的意志，不屈辱自己的身份，具体指的是伯夷、叔齐。二人皆是商末孤竹君的儿子，孤竹君有意传位给叔齐，在孤竹君死后，叔齐让位给身为长子的伯夷，伯夷认为有违父志，二人先后出逃。后又遇武王伐商，二人"耻食周粟"而饿死于首阳山。孔子认为他们既体现了远古禅让制温情脉脉的一面，又是能"杀身以成仁"的"志士仁人"（15.9），在《论语》中多有赞语，称赞他们是"求仁而得仁"的"古之贤人"（7.15）。

第二类，"降志辱身矣，言中伦，行中虑"——被迫降低自己的意志，屈辱自己的身份，但说话合乎伦理，行为有一定的考虑。他们不像第一类隐士那样坚决不仕，而是担任一些或大或小的官职，但仍能部分坚持自己作为知识分子的节操和原则。这一类隐士的问题在于，他们往往令自己心中的道屈从于现实。

第三类，"隐居放言，身中清，废中权"——过着隐居的生活，能洁身自爱。这类隐士怀着深深的无奈和激愤，"欲洁其身"，脱身世俗，放弃了名利、权势，敢于放肆直言，以玩世不恭的态度来批评现实，用"清"和"洁"来反抗现实。可以说，《论语》中孔子所遇到的隐士大多是这一类。他们有的混迹市井，有的佯狂避世，有的耕于田间，时而咄咄逼人，时而循循善诱，表现出这类隐士思想中矛盾复杂的一面。

孔子评价自己"异于是，无可无不可"。所谓"无可无不可"意思大约是当隐则隐，当仕则仕，进退自如，即《孟子》所谓"可以速而速，可以久而久，可以处而处，可以仕而仕"。此话看似超脱，实则易说而难行，怎样操作才算是"无可无不可"呢？孔子又是否真正做到了"无可无不可"呢？

史书记载，孔子一生曾三次拜见老子，并对其相当推崇。老子曾劝孔子："君子得其时则驾，不得其时则蓬累而行。"(《史记·老子韩非列传》)这句话对孔子颇有影响。我们来看这样几章：

> 子谓南容："邦有道，不废；邦无道，免于刑戮。"以其兄之子妻之。(5.2)

> 子曰："宁武子，邦有道，则知；邦无道，则愚。其知可及也，其愚不可及也。"(5.21)

> 子曰："邦有道，危言危行；邦无道，危行言孙。"(14.3)

> 子曰："直哉史鱼！邦有道，如矢；邦无道，如矢。君子哉蘧伯玉！邦有道，则仕；邦无道，则可卷而怀之。"(15.7)

> 子谓颜渊曰："用之则行，舍之则藏，惟我与尔有是夫！"(7.11)

孔子赞赏南容、宁武子、蘧伯玉，都是因为他们善于审时度势，

◉ 图2-4 孔子见老子画像砖拓本

在有道之世能够立功成名,在无道之世又懂得隐伏不出,明哲保身。孔子也曾说自己能做到"用之则行,舍之则藏",这些都是理想的"无可无不可"的中庸之态。

总的来看,孔子对尔虞我诈、蝇营狗苟的政治环境是厌烦的,对遁迹山野、超然世外的隐逸生活是向往的。"道不行,乘桴浮于海"(5.7),"子欲居九夷"(9.14),这些话告诉我们,为了个人声誉、安危,或许孔子也会想干脆隐居算了,但他显然不是这样做的。

五、知其不可而为之

天下无道,有才之人全都避世隐居,天下苍生、黎民百姓怎么办呢?

孔子说:"己欲立而立人,己欲达而达人"(6.30),"士而怀居,不足以为士矣"(14.2),"君子谋道不谋食……君子忧道不忧贫"(15.32),君子要"修己以敬""修己以安人""修己以安百姓"(14.42)。在孔子看来,君子进入仕途,是为了实行自己的道义,就算最终无法实现,也绝不能放弃,因为一旦放弃,就连成功的可能也没有了。康有为说:"孔子斯人,是与万物一体,饥溺犹己,悲悯为怀……仁人之心,不忍若是,悊此所以为圣人也。"孔子虽然怀着矛盾和无奈的心情徘徊在进退之间,但他终究是以道济天下,拯救生民,多年东西南北,席不暇暖,食不饱肚。明道济世、行道救世,绝对是对世道饱含热忱、对黎民饱含热爱的孔子的仁者之志、终极之选。

回到18.6章,夫子怃然而叹,叹的绝不仅是自己不被世人理解的无奈与悲凉,更是天下百姓无人救赎的艰辛与困苦。

钱穆在《论语新解》中说:"接舆诸人,高蹈之风不可及,其所讥于孔子者，亦非谓孔子趋慕荣禄，同于俗情，但以世不可为，而劳劳车马，为孔子惜耳。顾孔子之意，则天下无不可为之时，在我亦有不忍绝之情，有不可逃之义。孔子与诸人旨趣不相投，然孔子终惓惓于此诸人，欲与之语，期以广大其心志，此亦孔子深厚仁心之一种流露。"如果孔子如愿与接舆谈上几句，他谈的更多的一定是"不忍绝之情""不可逃之义"。

14.38章中，晨门评价孔子"知其不可而为之"。这句评价或许是嘲讽，或许是赞叹，却可作为对孔子最恰当的评价。所谓"不可为"，一是为之则错，一旦选择入世这条路，便注定会招致无数人的误解、嘲讽乃至谩骂；二是为之太难，在天下无道之时，选择入世这条路，注定会有千难万难，而且最终可能会劳而无功。以孔子之智，想必他都料到了，但他依然要义无反顾地"为之"，决不罢休地"为之"。为什么呢？他要为天下百姓而担当！

面对荷蓧丈人的选择，子路说："不仕无义……欲洁其身，而乱大伦。君子之仕也，行其义也。"在子路看来，隐士选择归隐田园、终身不仕，等于选择放弃学以致用，等于逃避自己应尽的责任，是对所追求的道的背叛，是不义之举，这在一定程度上代表了孔子的心声。身处"滔滔者天下皆是"(18.6)的无道之世，孔子当然知道"道不行，乘桴浮于海"(5.7)是洁身自爱的，也是悠游自在的，他当然也可以同众隐士一样"知其不可而逃之"，选择出世以骋怀。如果天下有智有识者皆选择扬舟于海、归隐田园，那么，世之颠簸有谁来关切和诊治呢？忧心于此的孔子最终还是选择了"知其不可而为之"，入世以行道。

明末东林党人顾宪成说："天下有一毫不可为，豪杰不肯犯手；天下有一毫可为，圣贤不肯放手。"或许，这就是孔子"知其不可而为之"的入世精神的最佳写照。圣贤孔子以其超群绝伦的气节与大义，为天下苍生的幸福上下求索，在人类历史上留下了浓墨重彩的一笔。

六、思考题

你认为孔子应该"知其不可而为之"，还是应该"知其不可奈何而安之若命"呢？

阅读材料

  孔子悲悯为怀，一生为天下苍生寻津觅渡，纵有冷嘲热讽、千难万险，依然坚定执着，"知其不可而为之"。何其悲壮，何其伟大！

  仪封人请见，曰："君子之至于斯也，吾未尝不得见也。"从者见之。出曰："二三子何患于丧乎？天下之无道也久矣，天将以夫子为木铎。"（3.24）

"武事振金铎，文事振木铎。""以夫子为木铎"之喻，一则表现孔子是礼乐文明之精神领袖，一则反映当时礼崩乐坏而亟待圣哲救世的现状。

  子曰："道不行，乘桴浮于海。从我者，其由与？"子路闻之喜。子曰："由也好勇过我，无所取材。"（5.7）

  子谓颜渊曰："用之则行，舍之则藏，惟我与尔有是夫！"
  子路曰："子行三军，则谁与？"
  子曰："暴虎冯河，死而无悔者，吾不与也。必也临事而惧，好谋而成者也。"（7.11）

  子曰："笃信好学，守死善道。危邦不入，乱邦不居。天下有道则见，无道则隐。邦有道，贫且贱焉，耻也；邦无

道,富且贵焉,耻也。"(8.13)

子曰:"不在其位,不谋其政。"(8.14)

宪问耻。子曰:"邦有道,穀;邦无道,穀,耻也。"
"克、伐、怨、欲不行焉,可以为仁矣?"子曰:"可以为
难矣,仁则吾不知也。"(14.1)

子曰:"直哉史鱼! 邦有道,如矢;邦无道,如矢。君
子哉蘧伯玉! 邦有道,则仕;邦无道,则可卷而怀之。"
(15.7)

"识时务者为俊杰",从以上各章来看,孔子并非不识时务,并非
不知乱世从政对个人安危与声誉带来的诸多影响,但"天下有
一毫不可为,豪杰不肯犯手;天下有一毫可为,圣贤不肯放手",
为了天下百姓,即使希望渺茫,即使荆棘遍途,孔子最终还是在
出世与入世之间选择了后者,而不是恝然忘世。

子路宿于石门。晨门曰:"奚自?"子路曰:"自孔氏。"
曰:"是知其不可而为之者与?"(14.38)

子曰:"谁能出不由户? 何莫由斯道也?"(6.17)

子击磬于卫,有荷蒉而过孔氏之门者,曰:"有心哉,击
磬乎!"既而曰:"鄙哉,硁硁乎! 莫己知也,斯己而已矣。
深则厉,浅则揭。"
子曰:"果哉,末之难矣。"(14.39)

荷蒉者听闻孔子之乐而知其心中忧思，劝孔子在乱世之中要适可而止，而这与孔子"知其不可而为之"的精神显然相悖。

> 楚狂接舆歌而过孔子曰："凤兮凤兮！何德之衰？往者不可谏，来者犹可追。已而，已而！今之从政者殆而！"
>
> 孔子下，欲与之言。趋而辟之，不得与之言。(18.5)

钱穆对此章的评价极恰当："接舆诸人，高蹈之风不可及，其所讥于孔子者，亦非谓孔子趋慕荣禄，同于俗情，但以世不可为，可劳劳车马，为孔子惜耳。顾孔子之意，则天下无不可为之时，在我亦有不忍绝之情，有不可逃之义。孔子与诸人旨趣不相投，然孔子终惓惓于此诸人，欲与之语，期以广大其心志，此亦孔子深厚仁心之一种流露。"

> 长沮、桀溺耦而耕，孔子过之，使子路问津焉。
>
> 长沮曰："夫执舆者为谁？"
>
> 子路曰："为孔丘。"
>
> 曰："是鲁孔丘与？"
>
> 曰："是也。"
>
> 曰："是知津矣。"
>
> 问于桀溺。
>
> 桀溺曰："子为谁？"
>
> 曰："为仲由。"
>
> 曰："是鲁孔丘之徒与？"
>
> 对曰："然。"
>
> 曰："滔滔者天下皆是也，而谁以易之？且而与其从辟人之士也，岂若从辟世之士哉？"耰而不辍。

子路行以告。

夫子怃然曰："鸟兽不可与同群，吾非斯人之徒与而谁与？天下有道，丘不与易也。"（18.6）

子路从而后，遇丈人，以杖荷蓧。

子路问曰："子见夫子乎？"

丈人曰："四体不勤，五谷不分。孰为夫子？"植其杖而芸。

子路拱而立。

止子路宿，杀鸡为黍而食之，见其二子焉。

明日，子路行以告。

子曰："隐者也。"使子路反见之。至，则行矣。

子路曰："不仕无义。长幼之节，不可废也；君臣之义，如之何其废之？欲洁其身，而乱大伦。君子之仕也，行其义也。道之不行，已知之矣。"（18.7）

以上三章，诸隐士如"天下有一毫不可为"而"不肯犯手"的豪杰，而孔子则是"天下有一毫可为"而"不肯放手"的圣贤。

第四讲

哲学：不偏不倚，洞明世事

第一课

中庸之道

"中庸"一词有两个意思：一是孔子所提出的不偏不倚的行为观念，一是相传由孔子之孙、孟子之师子思所创作的《中庸》。《中庸》原本是《礼记》中的一篇，宋朝时从《礼记》中独立出来，与《论语》《孟子》《大学》并称"四书"，可见《中庸》一书的重要性，亦可见中庸思想的重要性。

一、中庸的概念内涵

中庸思想并非孔子首创，中国自古就有尚中的思想，最早的相关记载可以追溯到《尚书》。《论语》20.1章也记载了尧对舜"允执其中"的嘱托。"允"是诚信、公平，"执"是掌握、保持、执守，"中"是中正，"允执其中"与孔子的中庸之道一致。李泽厚《论语今读》一书直接将此语译为："要好好地把握那中庸之道。"

"中庸"一词最早是由孔子提出的。

> 子曰："中庸之为德也，其至矣乎！民鲜久矣。"（6.29）

孔子说："中庸作为一种道德，是最高尚的了！人民缺少这种道德已经很久了。"

中庸到底是什么意思？为什么会被孔子称为"至德"呢？

为什么孔子又感叹"民鲜久矣"呢？

程颢、程颐说："不偏之谓中，不易之谓庸。中者，天下之正道，庸者，天下之定理。"朱熹则在此基础上进一步解释道："中者，不偏不倚、无过不及之名。庸，平常也。"结合以上观点，"中庸"之"中"含有不极端、不偏颇、恰如其分、持之有度的内涵，"庸"则有平常、不变、稳定的内涵。

孔子之所以称中庸为"至德"，一定程度上是因为人人守中庸之德而无偏激之举，社会才能呈和谐稳定之态，实现"中庸民不待政而化"（《荀子·王制》）的美好愿景。而"民鲜久矣"则是因为生逢乱世，百姓流离失所，于是"放辟邪侈，无不为已"（《孟子·梁惠王上》），容易做一些极端之事，使社会进一步混乱，难以维持稳定。

二、中庸的核心理念

孔子中庸思想的内涵极其丰富，包括修身、治学、从教、为政、交友、处世等诸多方面，而贯穿其中的是基于适度原则下的三个核心理念。

1. 执两用中

"吾有知乎哉？无知也。有鄙夫问于我，空空如也。我叩其两端而竭焉。"（9.8）孔子在被问到涉及其知识空白的问题时，常常询问问题的正反、始终、本末等"两端"，从中分析出问题的答案，这种"叩其两端"的做法，体现了孔子严谨的态度与过人的智慧。

《礼记·中庸》评价舜"执其两端，用其中于民"，后人以"执两用中"来形容这种叩其两端、取道于中、不走极端的中庸思想。这种思想在《论语》中随处可见。

> 子贡问:"师与商也孰贤?"子曰:"师也过,商也不及。"
> 曰:"然则师愈与?"子曰:"过犹不及。"(11.16)

子贡问:"颛孙师(字子张)和卜商(字子夏)谁更好?"孔子说:"师过了,商不及。"子贡又问:"那么,师比商要好是吗?"孔子回答:"过和不及是一样的。"这就是成语"过犹不及"的出处。子张才高意广,做事常有偏激夸张的过分之处;子夏拘谨保守,做事常有谨小慎微的不及之处。在孔子看来,二者皆不可取。由此可以看出,在个性修为上,孔子主张持中守度,不走"过"与"不及"的极端。

为人如此,交友亦是。

> 子曰:"不得中行而与之,必也狂狷乎!狂者进取,狷者有所不为也。"(13.21)

在孔子看来,交到一个"中行"(做事恰到好处,符合中庸之道)之友是最好的,如果找不到,那么一定要同狂者和狷者交往,因为"狂者进取,狷者有所不为"。"狂者"知进取,却容易偏激而走极端;"狷者"洁身自好,有所不为,但又过于保守。只有合理把握"狂"与"狷"的度,集二者的合理因素于一身,扬长避短,做到既知进取又有所不为,才是无"过"无"不及"的"中"。

事实上,孔子在各个方面都注重叩其两端而取道于中。在修养身心方面,他强调做人要"文质彬彬"(6.18),追求"文"(外在文采)与"质"(内在质朴)的统一,内外兼修,无所偏倚,因而弟子看到的是"温而厉,威而不猛,恭而安"(7.38)的孔子。在治学方面,他提出"学而不思则罔,思而不学则殆"(2.15),反对只学不思或只思不学,提倡学思并重,学思结合,适得其中。在为政方面,他提出"惠而不费,劳而不怨,欲而不贪,泰而不骄,威而不猛"(20.2)的"五美"的政治主张,认为"政宽则民慢,慢则纠之以猛。猛则民残,残则施之以宽。宽以济猛,猛以济宽,政是以和"(《左传·昭公二十年》),在对立的两端中寻求政事平衡。

由此可见,孔子这种执两用中的中庸观念,不是在为人处世的各个方面都不偏于任何一端,而是将对立的两端平衡起来,结合起来,使之互相牵制,互相补充,以求得最佳状态,把握最合理的度。当然,这里的两端不仅可以指两个极端或两个方面,也可以指各种不同的意见,特别是正面和反面的意见,执两用中就是使它们在矛盾对立中达到平衡与统一。

2. 适可而止

孔子讲究凡事适可而止,合宜有度。

季文子三思而后行。子闻之,曰:"再,斯可矣。"(5.20)

"三思而后行"这种反复考虑之后再行动的谨慎作风不是很好吗,为什么孔子却反对季文子这样做,而说"考虑两次,就可以了"呢?原来季文子这个人为人过于世故、谨慎,遇事计较福祸利害太多,反而容易徇私、生惑。对于季文子这样的人来说,"事有贵于刚决,多思转多私"(钱穆),思考的次数适当是十分必要的。当然,对于子路这种莽撞之人来说,"三思而后行"就十分重要了。

子曰:"《关雎》,乐而不淫,哀而不伤。"(3.20)

孔子评价《关雎》快乐而不放荡、忧愁而不悲伤,无论是"乐"还是"哀"都适可而止,因而有一种中和之美。从这句话可以看出，在孔子看来，无论是文学作品的创作，还是日常情感的表达，都应有所节制，适可而止，不可过度。孔子曾说："人而不仁，疾之已甚，乱也。"（8.10）对于不仁之人，可以憎恶他，但也要憎之有度，否则，"恶不仁之人而使之无所容"（《论语集注》），就会导致狗急跳墙、禽困覆车的乱事。孔子反对那种"爱之欲其生，恶之欲其死"（12.10）的极端情感，他曾说"唯仁者能好人，能恶人"（4.3），其实就是指唯有仁者才能公正、得当、不极端地喜爱或憎恶某人。

除了情感表达，在事君、交友方面，尤其是谏诤问题上，孔子也提倡适度行事，适可而止。

子游曰："事君数，斯辱矣；朋友数，斯疏矣。"（4.26）

对于君主，孔子提倡"以道事君，不可则止"（11.24），如果"事君数"，谏诤过度，就会招致羞辱。对于朋友，孔子认为应"忠告而善道之，不可则止，毋自辱焉"（12.23），如果频繁反复地提意见，那么朋友之间就会疏远。在孔子看来，谏诤是应有度的，如果过度，不仅达不到效果，反而会适得其反。这样的主张表面看来似乎有行善不尽的意味，但细细想来，其实不无道理。王蒙说："孔子谈人性、世故、心性，至今言必有中。"从人性角度来说，闻过则喜毕竟不符合大多数人的天性，因此，无论事君还是交友，谏诤到一定程度，如果没有效果，不妨适可而止，再择时机，另想办法，而不要一意孤行，造成"言者轻，听者厌""求荣而反辱，求亲而反疏"（《论语集注》）的结局。

3. 通权达变

子曰："可与共学，未可与适道；可与适道，未可与立；

可与立,未可与权。"(9.30)

孔子认为学习有几个渐进的层次:"学"(有心学习)—"适"(真正学会)—"立"(学以致用)—"权"(灵活运用)。显然,孔子将通权达变地运用所学之道作为学习的最高层次。这种因时制宜、通权达变的思想,在《论语》中有很多体现。

前文我们说过,孔子在教育弟子时十分注重因材施教,其实这正是孔子通权达变的中庸思想在教育方面的体现。孔子在教育上的通权达变首先体现在教学策略上,比如冉有和子路同问"听到道理是否要马上行动"这一问题,孔子回答"是"以鼓励做事畏缩不前的冉有,回答"否"来抑止勇于作为、胆大超前的子路。孔子说:"求也退,故进之;由也兼人,故退之。"(11.22)这种退者进之、兼人者退之的不同施教形式,其实也是孔子叩其两端而取其中的思想在教育上的体现。另外,对于不同资质的学生,孔子在教学内容上也注重变通,他曾说:"中人以上,可以语上也;中人以下,不可以语上也。"(6.21)总的来看,无论是教育形式还是教育内容,孔子都不僵化、不死板,而是因人而异,对症下药,灵活变通。

在评价人物方面,孔子也不是抱令守律,而是因时、因地、因事灵活制宜。对于管仲,孔子一方面认为他存在违礼僭越的问题,甚至说"管氏而知礼,孰不知礼"(3.22);但另一方面,当弟子因为管仲没有为旧主殉难反而去辅佐仇人而质疑管仲之仁时,孔子又会因"桓公九合诸侯,不以兵车,管仲之力也"(14.16)和管仲"相桓公,霸诸侯,一匡天下,民到于今受其赐"(14.17)的政绩而称赞他为仁人。孔子告诉弟子,管仲如果为公子纠以身殉难,这只是"匹夫匹妇之为谅"(14.17),小节小义不能称为仁;正因为他没有以身殉难,才有了"九合诸侯,不以兵车"和"民到于今受其赐"的大功大绩,这才是大智大仁。

从孔子对管仲的评价来看,孔子对于道德理念也不是一味死守。大家认为的优秀品质"言必信,行必果",在孔子那里则是"硁硁然小人哉"(13.20),并不值得提倡,因为如果一个人只管自己的言行"必信""必果"而不问是非曲直、大是大非,必然会陷于浅薄固执之境。孔子还说"君子贞而不谅"(15.37),君子坚定执着于正道而不固执拘泥于讲小信。子夏也说"大德不逾闲,小德出入可也"(19.11),在道德大节上不超过界限,在细微小节上有点出入是可以的。凡此种种,是不是意味着孔子及其弟子对道德准则的忽视甚至践踏呢?当然不是。我们可以通过一个小故事来理解——《史记·孔子世家》记载,孔子周游列国路过蒲地时,被蒲人围困,蒲人说只要孔子不去卫国就放了他们,孔子"与之盟",但被放之后立刻就去了卫国。子贡于是问:"盟誓可以违背吗?"孔子曰:"要盟也,神不听。"意思是被胁迫而订立的盟约,神也不会听,不必遵守。由此可见,孔子及其弟子所谓"贞而不谅""大德不逾闲,小德出入可也"并非不守道德,而是指要因时、因地、因事制宜,在特殊情况下要具体问题具体分析,不墨守成规,不僵硬死板。

本着因时、因地、因事制宜的通权达变的原则,孔子向往并倡导出入合宜、适时隐现的人生选择。他曾称赞南容"邦有道,不废;邦无道,免于刑戮"(5.2),并把自己的侄女许配与他;他曾因蘧伯玉"邦有道,则仕;邦无道,则可卷而怀之"(15.7)而大赞他是君子;他曾说"危邦不入,乱邦不居。天下有道则见,无道则隐。邦有道,贫且贱焉,耻也;邦无道,富且贵焉,耻也"(8.13);他曾在比较了伯夷、叔齐、虞仲、夷逸、朱张、柳下惠、少连几位贤者的行为后,认为"我则异于是,无可无不可"(18.8)。孟子曾评价孔子:"可以仕则仕,可以止则止,可以久则久,可以

速则速"(《孟子·公孙丑上》），"圣之时者也"(《孟子·万章
下》)。从孔子一生的行为来看，孟子此言或有夸张，但"时"字
确实用得很好，体现了孔子在不同时间、不同情况下因时而异、
通权达变的中庸思想。

三、中庸的原则规范

执两用中是折中之道、"骑墙"之道甚至"和稀泥"之道
吗？"执其两端，用其中"的"黄金分割点"是什么？适可而止
以什么作为"适可"之据？通权达变是随心所欲、无所顾忌地
变吗？"变"字不是与"中庸"之"庸"意思相反吗？

所有这些问题都与中庸思想背后的原则规范有关。

1. 以礼节之

前面讲中庸的核心理念时，我们举的第一个例子是师与商
"过犹不及"一章，讲原则规范，我们也从这一章讲起。事实上，
11.16章的这段对话在《礼记·仲尼燕居》中也有记载，原文是
这样的：

> 子曰："师，尔过，而商也不及。子产犹众人之母也，能
> 食之，不能教也。"子贡越席而对曰："敢问将何以为此中者
> 也？"子曰："礼乎礼！夫礼所以制中也。"

在孔子看来，过与不及皆不可取，而平衡二者的标准，就是"礼"
这一尺度。

> 子曰："恭而无礼则劳，慎而无礼则葸，勇而无礼则乱，
> 直而无礼则绞。君子笃于亲，则民兴于仁；故旧不遗，则民

不偷。"（8.2）

　　有子曰："礼之用，和为贵。先王之道，斯为美；小大
由之。有所不行，知和而和，不以礼节之，亦不可行也。"
（1.12）

8.2章中，"恭""慎""勇""直"四德固善，但如不用礼节制协调，
就容易固执一端，在偏激之下产生诸多弊端。1.12章中，"和"
既美且善，但亦要"以礼节之"，否则也容易行不通。

　　2. 义之与比

　　　　子曰："君子之于天下也，无适也，无莫也，义之与比。"
（4.10）

前文说过，"无适"与"无莫"有多种解释，这里不再赘述。无论
是哪种解释，本章都体现了孔子执两用中、不偏不倚的中庸之
道，而这个度就是"义之与比"——合乎义。

　　《论语》中谈义，常常是与利相对而言的，但细读《论语》
我们会发现，在孔子那里，义和利并非完全矛盾。事实上，孔子
并不轻利，比如他会说"富而可求也，虽执鞭之士，吾亦为之"
（7.12），他会用"周有大赉，善人是富"（20.1）教导学生，他甚至
跟颜回开玩笑说"使尔多财，吾为尔宰"（《史记·孔子世家》）。
然而，君子取利要有标准，这个标准就是"义之与比"。因此，孔
子又说"不义而富且贵，于我如浮云"（7.16），"富与贵，是人之
所欲也；不以其道得之，不处也。贫与贱，是人之所恶也；不以
其道得之，不去也"（4.5）。可见，义是衡量取利与否、取利多寡
的标尺。

总的来看，孔子倡导以执两用中、适可而止、通权达变的方式来实现"无可无不可"、行之有度的中庸，而行之有度就是"以礼节之""义之与比"，用外在之礼和内在之义来规约人的中庸行为。因此，中庸绝不是各取一半的折中、随风而倒的"骑墙"，更不是"和稀泥"式的掺和；中庸者绝不是无所执守、一味媚人的好好先生；中庸者不会因"乡人皆好之""乡人皆恶之"（13.24）而不问是非地随从大众，而是以礼义为标尺，看"乡人之善者"与"不善者"的态度。从礼义的原则出发，中庸者还有"和而不同"（13.23）、"周而不比"（2.14）、"群而不党"（15.22）的风范——既与人合作，又为人正直，能够在团结他人与坚守礼义中取得平衡与和谐。

说到这里，大家就能更充分地理解6.29章中孔子为何称中庸为"至德"了吧。

四、思考题

《中庸》有言："君子尊德性而道问学，致广大而尽精微，极高明而道中庸。"意思是说，君子应当尊奉德行而又善学好问，达到宽广博大的境界同时又深入细微之处，达到极端的高明同时又遵循中庸之道。显然，这句话本身就暗含了执两用中的中庸之道。你认为这句话在当今时代适用吗？为什么？

阅读材料

　　孔子的中庸思想是一个内涵极其丰富的理论体系,涉及修身、治学、从教、为政、交友、处世等诸多方面。中庸既是一种思想方法,又是一种行为准则。作为思想方法,它使人处世有度;作为行为准则,它使人不违礼义。

　　　　子曰:"中庸之为德也,其至矣乎! 民鲜久矣。"(6.29)

中,不偏不倚。庸,平常。人人不偏不倚,社会方有平和常态;社会有平和常态,人人才会不偏不倚。"民鲜久矣",某种程度上是社会混乱久矣,人民难以平静久矣。

　　　　子贡问:"师与商也孰贤?"子曰:"师也过,商也不及。"
　　　　曰:"然则师愈与?"子曰:"过犹不及。"(11.16)

　　　　子曰:"不得中行而与之,必也狂狷乎! 狂者进取,狷者有所不为也。"(13.21)

　　　　子曰:"质胜文则野,文胜质则史。文质彬彬,然后君子。"(6.18)

12.8章[1]可作为本章的补充。

> 季文子三思而后行。子闻之，曰："再，斯可矣。"（5.20）

> 子曰："好勇疾贫，乱也。人而不仁，疾之已甚，乱也。"（8.10）

> 子游曰："事君数，斯辱矣；朋友数，斯疏矣。"（4.26）

> 子贡问友。子曰："忠告而善道之，不可则止，毋自辱焉。"（12.23）

> 子问公叔文子于公明贾曰："信乎，夫子不言，不笑，不取乎？"
> 公明贾对曰："以告者过也。夫子时然后言，人不厌其言；乐然后笑，人不厌其笑；义然后取，人不厌其取。"
> 子曰："其然？岂其然乎？"（14.13）

> 子曰："君子贞而不谅。"（15.37）

> 子夏曰："大德不逾闲，小德出入可也。"（19.11）

15.37与19.11两章绝非倡导不守小道，而是指在特殊情况下可以不拘泥于小节、小义而通权达变。

1　棘子成曰："君子质而已矣，何以文为？"子贡曰："惜乎，夫子之说君子也！驷不及舌。文犹质也，质犹文也。虎豹之鞟犹犬羊之鞟。"

逸民：伯夷、叔齐、虞仲、夷逸、朱张、柳下惠、少连。子曰："不降其志，不辱其身，伯夷、叔齐与！"谓："柳下惠、少连，降志辱身矣，言中伦，行中虑，其斯而已矣。"谓："虞仲、夷逸，隐居放言，身中清，废中权。我则异于是，无可无不可。"（18.8）

子绝四——毋意，毋必，毋固，毋我。（9.4）

子谓南容："邦有道，不废；邦无道，免于刑戮。"以其兄之子妻之。（5.2）

子曰："笃信好学，守死善道。危邦不入，乱邦不居。天下有道则见，无道则隐。邦有道，贫且贱焉，耻也；邦无道，富且贵焉，耻也。"（8.13）

子曰："直哉史鱼！邦有道，如矢；邦无道，如矢。君子哉蘧伯玉！邦有道，则仕；邦无道，则可卷而怀之。"（15.7）

有子曰："礼之用，和为贵。先王之道，斯为美；小大由之。有所不行，知和而和，不以礼节之，亦不可行也。"（1.12）

《礼记·乐记》说："礼者为异"，"礼者别异"。不过片面强调差别，又容易导致离心离德，甚至分崩离析，如《礼记·乐记》所说"礼胜则离"。"儒家的礼治观点总是想让人们在等级森严的前提下和睦相处，因此强调'礼之用，和为贵'。"[1]

1　孙钦善：《论语本解》，生活·读书·新知三联书店，2013年，第8页。

子曰:"君子之于天下也,无适也,无莫也,义之与比。"
(4.10)

子贡问曰:"乡人皆好之,何如?"子曰:"未可也。"

"乡人皆恶之,何如?"子曰:"未可也;不如乡人之善者好之,其不善者恶之。"(13.24)

钱穆对此章评价道:"一乡之人,若宜有公论,然亦各自为类以为好恶。若一乡同好,恐是同流合污之人。一乡同恶,或有乖世戾俗之嫌。恶人不之恶,疑其苟容。善人不之好,见其无可好之实。然则公论贵乎合道,不贵以多少数为衡量。"[1]

1　钱穆:《论语新解》,生活·读书·新知三联书店,2002年,第347页。

第二课
人生智慧

　　孔子的弟子子贡曾感慨:"夫子之文章,可得而闻也;夫子之言性与天道,不可得而闻也。"(5.13)以子贡为代表的弟子之所以"不可得而闻"夫子讲"性"和"天道"的内容,原因无非有二:一是夫子讲得少,二是讲了弟子也不太容易听懂。综观《论语》全书,夫子直接讲到"性"的只有一句"性相近也,习相远也"(17.2),讲到"天道"的章句在全书中占比也不大。而认真分析《论语》中与"天道"相关的章句,我们会发现,孔子有着敬畏天命、以义安命、毅承使命、敬鬼神而远之等思想。总的来看,他相信天命,但更注重人事。

　　梁启超曾在《要籍解题及其读法》一书中说:"关于个人人格修养之教训"和"关于社会伦理之教训"的内容,约占《论语》全书的三分之二,其余"政治谈""哲理谈""对于门弟子及时人因材施教(注重个性)的回答""对于门弟子及古人时人之批评"等内容,合起来占全书的三分之一。因此,我们探究孔子的人生智慧,主要是探究人的自我修养与交际中的智慧。

一、知人之智

　　12.22章中樊迟问什么是"知",孔子以"知人"答之,可见识人、察人是重要的人生智慧,也是与人交往最基本的智慧。知人并非易事,但孔子观人却十分有术。

1. 直接法——综合言行,长期观察

孔子识人,首先注重察言观色。孔子曾说:"不知言,无以知人也。"(20.3)他十分注重借言观人。他认为,如果一个人"言之不怍",那么此人"为之也难"(14.20)。这与老子所说的"轻诺必寡信"所见略同。孔子还说:一个人如果自己不去想办法,那么"吾末如之何也已矣"(15.16)。当然,孔子那句"巧言令色,鲜矣仁"(1.3),更是察言观色以识人的经典例子。

5.10章记载,宰予昼寝,孔子痛骂他一通后,说:"始吾于人也,听其言而信其行;今吾于人也,听其言而观其行。"孔子意识到,耳闻目见的不一定是真实的,还要细细加以考查。碰到一个看起来"论笃"(言论诚恳笃实)之人,不要急于赞许他,还要仔细辨别他到底是"君子者"还是"色庄者"(伪装出一副神色庄重的样子的人)。如何辨别呢?孔子有两个方法。第一个方法是"视其所以,观其所由,察其所安"(2.10),全面观察一个人做事的行为动机、方式方法和心理状态,这样此人就无可隐瞒了。第二个方法是"观过知人"。孔子说:"人之过也,各于其党。观过,斯知仁矣。"(4.7)什么样的人犯什么样的错,观察一个人犯的错,就知道他是什么样的人了。

在那样一个阶级分明、出身决定出路甚至终身的时代,孔子识人、察人非常有创见性的一点在于,他不看重一个人先天的出身,而看重其后天的表现。孔子有一个弟子叫冉雍,他的父亲是失去贵族身份的"贱人",品行也不好。孔子却对他说:"犁牛之子骍且角,虽欲勿用,山川其舍诸?"(6.6)如果一头普通耕牛生下的小牛,具备了祭祀用牛所要求的"骍且角"(长着红色的毛和端正的长角)的条件,即便不想用它当祭品,山川之神难道会舍弃它吗?英雄不问出处,孔子把观察言行作为识人、察人最重要的依据,因为这才是一个人心性、品格最直接的呈现。

"路遥知马力,日久见人心。"在全面观察言行的基础上,孔子还注重借助时间这一工具来识人、察人。他曾说:"岁寒,然后知松柏之后凋也。"(9.28)这里显然是借物喻人,意指处于特殊时期、面临严峻考验时,常常能分辨出君子与小人之别。他还说:"后生可畏,焉知来者之不如今也?四十、五十而无闻焉,斯亦不足畏也已。"(9.23)他注重用发展的眼光来看待眼前或许还不够出色的后辈,看待将来的人。不过他说一个人如果四五十岁还没什么名望,也就不值得惧怕了,这话有一定道理,但也有其不当之处,古往今来大器晚成的例子数不胜数。

2. 间接法——参考他评,独立思考

> 子贡问曰:"乡人皆好之,何如?"子曰:"未可也。"
> "乡人皆恶之,何如?"子曰:"未可也;不如乡人之善者好之,其不善者恶之。"(13.24)

子贡问孔子:"一个人如果全乡都喜欢他,这个人怎么样?"孔子说:"未必可以。""那么,一个人如果全乡人都不喜欢他,这个人怎么样?"孔子说:"未必可以。不如全乡的好人都喜欢他,全乡的坏人都讨厌他。"这是极具智慧的一段对话,因为"乡人皆好之"者,未必是德高望重者,而可能是不讲原则、不论是非、一味媚俗的好好先生,也可能是长袖善舞、善于蛊惑人心的政客。

孔子说:"众恶之,必察焉;众好之,必察焉。"(15.28)对于舆论评价,要参考,但不可轻信,更不可道听途说,人云亦云,而要亲自考察,独立判断。

事实上,观人如此,观事亦是。孔子曾说:"浸润之谮,肤受之愬,不行焉,可谓明也已矣。浸润之谮,肤受之愬,不行焉,可谓远也已矣。"（12.6）那些点滴而来、日积月累、好像水浸润一般的诬陷中伤，那些像皮肤受伤一般急迫切身的诬告，如果对你行不通，那你可以说是不为那些明里暗里挑拨诬陷的话所迷惑，可以说是看得明白、深远、透彻。谣言止于智者，察人观事都要有这种不盲目随流从众而有独立清醒判断的意识和能力。

二、交友之智

人之交往，无外乎亲人、朋友、爱人、师生、乡邻、同胞几类。其中，亲人之间、师生之间、乡邻之间、同胞之间的交往已在前文有所涉及，这里不再赘述，这里重点要讲的是交友。

孔子曾说："有朋自远方来，不亦乐乎？"（1.1）志同道合的良朋益友千里趋风，知音在迩，确实是人生之一大幸事。不过，享有这一幸事的前提是能交到良朋益友。

孔子十分在乎择友。在弟子子贡向他问仁时，他回答说："工欲善其事，必先利其器。居是邦也，事其大夫之贤者，友其士之仁者。"（15.10）一个工匠要想做好他的工作，就要先使他的工具锋利。同样，一个人要想成为仁德之人，就要敬奉大夫中的贤人，结交士人中的仁人。显然，在孔子看来，"贤者"和"仁者"可以帮助子贡成仁，曾子后来所说的"以友辅仁"（12.24）就是这个道理。

那么，如何交到合适的朋友，进而实现"以友辅仁"的理想呢？孔子给出了两个方面的参考：

孔子曰："益者三友，损者三友。友直，友谅，友多闻，益矣。友便辟，友善柔，友便佞，损矣。"（16.4）

子曰："君子不重，则不威；学则不固。主忠信。无友不如己者。过，则勿惮改。"（1.8）

子曰："主忠信，毋友不如己者，过则勿惮改。"（9.25）

16.4章中，孔子直接告诉我们，能够"辅仁"的益友有三种——正直的、诚信的、见多识广的，有害的朋友也有三种——谄媚奉承的、当面恭维背后毁谤的、花言巧语夸夸其谈的。显然，孔子是从德与能两方面考察朋友。从德的角度讲，有益的朋友应该是具备正直诚实品格的君子，而非谄媚毁谤的小人，如此方能让我们近朱而赤，时时得闻己过，进而改过迁善，长善救失；从能的角度讲，有益的朋友应该是具备真才实学的渊博之士，而非胸无点墨的夸夸其谈之辈，如此方能让我们闻所未闻、开阔视野、日有所进。

1.8和9.25章中的"无（毋）友不如己者"，历来争议很大，有三种不同的解读：

第一种解读把"友"看作动词，理解为"结交"，"如"则解作"比得上"，整句话解读为"不要交比不上自己的朋友"。对此，皇侃质疑道："若人皆慕胜己为友，则胜己者岂友我耶？"苏东坡也说："如必胜己而后友，则胜己者亦不与吾友矣。"南怀瑾则幽默地说："照他这样——交朋友只能交比我们好的，那么大学校长只能与教育部长交朋友，部长只能跟院长做朋友，院长只能跟总统做朋友，当了总统只能跟上帝做朋友了？'无友不如己者'嘛！假如孔子是这样讲，那孔子是势利小人，该打屁股。"可见此解有悖于常理，不为我们所取。

第二种解读对"友"的理解同上，但将"如"理解为"类、似"，整句话解读为"不要交与自己不同类的朋友"。孔颖达说:"同门曰朋,同志曰友。"交朋友要交与自己志同道合之人,这与孔子说过的"道不同,不相为谋"(15.40)是一致的。1.8与9.25两章中,"无(毋)友不如己者"一句的上文"主忠信"和下句"过则勿惮改"都是在言"道",更可佐证这一说法,即交朋友要交与自己一样忠诚守信、勇于改过的志同道合的朋友。此说可通。

第三种解读认为"友"是名词"朋友","如"是"比得上",整句话理解成一个定语后置句,即"没有比不上自己的朋友",也就是说每位朋友都有优于自己的地方。孔子曾说:"三人行,必有我师焉。"(7.22)子贡也说:"文、武之道,未坠于地,在人。贤者识其大者,不贤者识其小者。莫不有文、武之道焉。夫子焉不学?而亦何常师之有?"(19.22)所谓"闻道有先后,术业有专攻"(韩愈《师说》),孔子此言是在劝诫弟子谦恭待人,取人之长,补己之短。此说亦可通。

诗无达诂,《论语》许多章句亦无达诂,只要言之成理,诂之有益,我们就没必要争个头破血流。只要我们能从1.8和9.25两章中读出以德交友、谦恭待友两个方面,并加以实践,其实就已获益良多了。

那么,选到了良朋益友,该如何与之相处呢?这就涉及为人处世之道了。

三、处世之智

为人处世之理,前面诸课已多有涉及,不过前文更多是从德性修养的角度谈,这里重点要谈的是为人处世的智性修养。《论语》中的智慧箴言实在太多,我们很难在有限的篇幅里穷尽其中的智慧。此处仅略举三例,更多智慧则留待读者探赜索隐。

1. 把握当下,放眼长远

> 季路问事鬼神。子曰:"未能事人,焉能事鬼?"
> 曰:"敢问死。"曰:"未知生,焉知死?"(11.12)

子路向孔子请教如何侍奉鬼神。孔子回答:"人都没侍奉好,怎么能侍奉鬼呢?"子路又问:"请问死是怎么回事?"孔子回答:"生的道理还没弄明白,怎么能够懂得死呢?"对于鬼神、死亡这类超乎此生此世、玄而又玄的问题,孔子向来存而不论,他更关心的是如何将此生此世过好,让此生此世发挥最大价值。因此,我们会看到,孔子向来"不语怪、力、乱、神"(7.21),他更愿意谈"常""德""治""人",更希望发挥人之仁德的力量;孔子很少谈及难以捉摸更难以控制的"天"与"命"这类话题,他谈的更多的是知之有益、知之可行的仁、义、礼这类话题;孔子对鬼神敬而远之,而专注于"务民之义"(6.22),引导百姓走上正道。单看这些,我们或许不以为意,但当我们看到汉文帝求访贾谊却"可怜夜半虚前席,不问苍生问鬼神"时,当我们看到宋朝"杀人祭鬼"的恶习时,当我们看到鲁迅的小说《祝福》里活着的祥林嫂因死去的丈夫受到的种种摧残时,当我们看到今天的富豪、明星依然执迷于信奉各类能掐会算的"大师"时,我们就不得不感慨,在2 500年前科学和文化都极不发达的春秋时期,孔子能有这样一种脚踏实地、把握当下、务实不务虚的理性精神,是多么智慧,多么超前!

> 子曰:"不患人之不己知,患不知人也。"(1.16)

> 子曰:"不患无位,患所以立。不患莫己知,求为可知

也。"（4.14）

子曰："不患人之不己知，患其不能也。"（14.30）

子曰："君子病无能焉，不病人之不己知也。"（15.19）

本着这种脚踏实地、把握当下的精神，孔子反复教导他的弟子，不要担心别人不了解自己，不要担心自己一时没有官位，真正该担心的是自己没有足够的德行与能力。因此，要努力学习，使自己成为值得别人知道、德堪配位、力能胜任的人。

孔子注重当下，但又不局限于当下，而是放眼长远。当弟子子夏向他问政时，他告诉子夏："无欲速，无见小利。欲速，则不达；见小利，则大事不成。"（13.17）意思是说，不要图快，不要贪图小利，因为图快反而不能达到目的，贪图小利就办不成大事。这句话里藏着孔子对大与小、快与慢、眼前与长远的辩证思考，十分智慧。他提出的"人无远虑，必有近忧"（15.12）和"小不忍，则乱大谋"（15.27），也有着同样的远见卓识与胸襟气魄。于右任曾送给蒋经国一副对联——"计利当计天下利，求名应求万世名"，想来也受到孔老夫子的影响了吧。

2. 严于律己，义以待人

这既是德性修养，也是处世智慧。

子夏之门人问交于子张。子张曰："子夏云何？"

对曰："子夏曰，'可者与之，其不可者拒之'。"

子张曰："异乎吾所闻，君子尊贤而容众，嘉善而矜不能。我之大贤与，于人何所不容？我之不贤与，人将拒我，如之何其拒人也？"（19.3）

子夏的学生分别向子夏和子张询问如何交友，子夏的回答是："可交的就与他交，不可交的就拒绝他。"子张的回答是："君子既尊重贤人，又能容纳众人；能够赞美善人，又能同情能力不够的人。如果我是十分贤良的人，那么我对别人有什么不能容纳的呢？如果我不贤良，那么人家就会拒绝我，又何谈拒绝别人呢？"子夏和子张的回答其实都是对孔子教诲的转述，而孔子对二人的教诲不同则是他因材施教的体现。子夏性格谨慎，忠诚厚道，故而让他"可者与之，其不可者拒之"；子张性格偏激，争强好胜，故而要他宽容别人而严于律己。从这个角度来说，二人说法无所谓孰高孰低。不过，从智慧理性的角度来说，子夏的观点确实要更胜一筹。因为无论交友还是一般与人交往，他人都是不可控的变量，唯有自己是不变的常量，与其寄望于遇到"可者"，不如修炼自我，让自己成为能与一切人和谐相处的"大贤"之人。

人与人相处，难免产生矛盾纠纷，这个时候，"躬自厚而薄责于人，则远怨矣"（15.15）。在不违礼义的前提下，厚责于己而薄责于人，确实能避免很多不必要的怨愤。

我们常说"严于律己，宽以待人"，本节标题为什么是"严于律己，义以待人"呢？《论语》中不提倡宽以待人吗？不，孔子确实是提倡宽以待人的。孔子曾对犯了胡诌八扯之过的宰我"既往不咎"（3.21）——已经过去的事就不再责备追究了；孔子曾赞美伯夷、叔齐"不念旧恶"（5.23）——不记过去的仇恨；孔子不计较互乡童子之前的不良表现而接见他，认为"人洁己以进，与其洁也，不保其往也"（7.29）——人家使自己清洁以求进步，我赞许他的清洁，而不管他以前的行为。凡此种种，皆是孔子提倡宽以待人的明证。

孔子的宽以待人是有一定限度的，这个度就是是否合于礼义仁德。曾经有人问孔子:"以德报怨,何如?"孔子的回答是:"何以报德? 以直报怨,以德报德。"(14.34)"以德报怨"就是宽以待人的极致,不但要宽恕别人,还要用恩德回报他。对此,孔子是明确反对的,他认为,要用公平正直来回报仇怨,用恩德来回报恩德。显然,对待仇怨或是对方的错误,孔子既不赞成无原则地过分隐忍与宽容,也不赞成以牙还牙、针锋相对、冤冤相报,他提倡以公正正直作为行事标准。这种观点与"以德报怨"相比确实更具智慧,因为这既彰显了正义的力量,不让有德者因吃亏而丧失继续行德的动力;又能让无德者受到应有的、恰如其分的惩罚,不会让其因躲过惩罚而无所反省、变本加厉。

当然,义以待人不仅适用于出现矛盾纠纷时,它适用于与人交往的一切情况,这里就不再赘述了。

3. 审时度势,谨言慎行

《论语》记载,孔子曾将哥哥的女儿嫁与弟子南容。

> 子谓南容:"邦有道,不废;邦无道,免于刑戮。"以其兄之子妻之。(5.2)

> 南容三复"白圭",孔子以其兄之子妻之。(11.6)

孔子为什么这么喜欢南容而将侄女托付与他呢? 原来南容有一项人所不及的本领,就是国家有道之时他有官做,国家无道之时他也能避免受到刑戮。在那样一个极不稳定、混乱不安的时代,南容何以能保全自身呢? 原来他经常反复诵读《诗经》中的一句诗:"白圭之玷,尚可磨也;斯言之玷,不可为也。"这句诗的意思是,白圭上的污点可以磨掉,言语里的错误却没办法抹掉。南容出言十分谨慎,因而"国有道,其言足以兴;国无道,其默足以容"(《中庸》)。

事实上,要想在"弑君三十六,亡国五十二,诸侯奔走不得保其社稷者不可胜数"的春秋时代明哲保身,除了言行谨慎,还要有因时制宜、审时度势的智慧。

子曰:"邦有道,危言危行;邦无道,危行言孙。"(14.3)

在孔子看来,世道不同,说话行事的方式就要不同:有道之时政治清明,不妨言语正直、行为正直;无道之时政治黑暗,就要行为正直而言语谦顺。这里有三点值得我们注意:第一,孔子倡导变通,对于治世和乱世要有不同的应对之道,尤其是在乱世,要"危行言孙"(行为要正直,但言语要谦顺),这就是内方外圆的处世之道,比如同是谏诤,委婉的讽谏或许就比犯颜直谏要更有效、也更安全;第二,孔子虽然倡导变通,但变通之中亦有不变之处,那就是无论有道还是无道,孔子都倡导"危行"(行为正直),坚持内心方正刚直,决不放弃或降低道德要求;第三,孔子倡导在乱世之中危行言孙、内方外圆,绝不仅仅是为了乱世求生、明哲保身,事实上这也是一种保存有生力量、避免不必要的牺牲的高明智慧,就像鲁迅当年劝诫青年学生要进行"壕堑战"和"'韧'的战斗","上阵要穿甲""不能赤膊"。

子贡曾说:"君子一言以为知,一言以为不知,言不可不慎也。"(19.25)中华民族有"祸从口出"的古训。按照孔子的观点,不该说时就说是急躁,该说时不说是隐瞒,说话不看对象是瞎子。孔子还说:"可以与之说话却不与之说,就会失掉友人错过人才;不可与之说话却与之说,就是浪费言语。""知者不失人,亦不失言。"(15.8)可见这种审时度势、谨言慎行的智慧不只在乱世有自保之效,在日常生活中也要注意。不过审时度势不等于圆滑世故、见风使舵，谨言慎行也不等于畏首畏尾、虚伪造作，"外圆"要建立在"内方"的基础之上。

四、思考题

> 子贡曰："纣之不善，不如是之甚也。是以君子恶居下流，天下之恶皆归焉。"（19.20）

子贡说："殷纣王的不善，并不像传说中那么严重。因此，君子憎恨居于下流之地，一旦居于下流之地，天下的一切坏事、坏名都会归到他的头上。"

子贡对纣王的评价对我们有何启发？

阅读材料

　　《论语》思想博大精深，包罗万象，其中很多智慧箴言历久弥新，在当今时代依然有指导意义。在此仅撷其一隅，以俟博考深究。

一、知人之智

　　子曰："巧言令色，鲜矣仁。"（1.3）

　　子曰："视其所以，观其所由，察其所安。人焉廋哉？人焉廋哉？"（2.10）

　　子曰："人之过也，各于其党。观过，斯知仁矣。"（4.7）

"观过，斯知仁矣"有二解：观察一个人犯的错误，就知道他是哪一类人了（"仁"同"人"）；观察一个人犯的错误，就知道他是否仁德了（"仁"作"仁德"讲）。

　　宰予昼寝。子曰："朽木不可雕也，粪土之墙不可圬也。于予与何诛？"子曰："始吾于人也，听其言而信其行；今吾于人也，听其言而观其行。于予与改是。"（5.10）

　　子曰："苗而不秀者有矣夫！秀而不实者有矣夫！"（9.22）

子曰:"后生可畏,焉知来者之不如今也? 四十、五十而无闻焉,斯亦不足畏也已。"(9.23)

子曰:"岁寒,然后知松柏之后凋也。"(9.28)

阙党童子将命。或问之曰:"益者与?"子曰:"吾见其居于位也,见其与先生并行也。非求益者也,欲速成者也。"(14.44)

依《礼记》的要求,童子当立于主人一侧,而不当"居于位"(坐在座位上);童子和比他大五岁以上的前辈或长辈一起走时,应当"肩随之"(与之并行而稍后),而不能与之"并行"。这个童子的表现说明他急于求成,急于装得像个成年人一样。

子曰:"论笃是与,君子者乎? 色庄者乎?"(11.21)

子曰:"有德者必有言,有言者不必有德。仁者必有勇,勇者不必有仁。"(14.4)

子曰:"其言之不怍,则为之也难。"(14.20)

孔子曰:"不知命,无以为君子也;不知礼,无以立也;不知言,无以知人也。"(20.3)

子曰:"不曰'如之何,如之何'者,吾末如之何也已矣。"(15.16)

遇事而曰"如之何,如之何"(怎么办,怎么办),证明在思考或在请教。不思考,或是思想懒惰,或是行事鲁莽;不请教,或是安于现状,或是故步自封。对于这样的人,别人也不知道当"如之何"。

子曰:"群居终日,言不及义,好行小慧,难矣哉!"(15.17)

子曰:"鄙夫可与事君也与哉? 其未得之也,患得之。既得之,患失之。苟患失之,无所不至矣。"(17.15)

子贡问曰:"乡人皆好之,何如?"子曰:"未可也。""乡人皆恶之,何如?"子曰:"未可也;不如乡人之善者好之,其不善者恶之。"(13.24)

子曰:"众恶之,必察焉;众好之,必察焉。"(15.28)

群众的眼睛并不总是雪亮的,面对舆论,不能轻信,更不可盲从,而要有独立而清醒的判断。

二、择友之智

子曰:"里仁为美。择不处仁,焉得知?"(4.1)

子曰:"君子不重,则不威;学则不固。主忠信。无友不如己者。过,则勿惮改。"(1.8)

子曰:"主忠信,毋友不如己者,过则勿惮改。"(9.25)

曾子曰:"君子以文会友,以友辅仁。"(12.24)

《孔子家语》以下段落可作为以上与择友相关诸章的补充——

孔子曰:"吾死之后,则商也日益,赐也日损。"曾子曰:"何谓也?"子曰:"商也好与贤己者处,赐也好说不若己者。不知其子,视其父;不知其人,视其友;不知其君,视其所使;不识其地,视其草木。故曰'与善人居,如入芝兰之室,久而不闻其香,即与之化矣。与不善人居,如入鲍鱼之肆,久而不闻其臭,亦与之化矣'。丹之所藏者赤,漆之所藏者黑。是以君子必慎其所与处者焉。"

子曰:"骥不称其力,称其德也。"(14.33)

古今中外,很多人选择以马喻人。但丁说:"道德常常能填补智慧的缺陷,而智慧却永远填补不了道德的缺陷。"康熙皇帝说:"观人必先心术,次才学。心术不善,纵有才学何用?"

子贡问为仁。子曰:"工欲善其事,必先利其器。居是邦也,事其大夫之贤者,友其士之仁者。"(15.10)

孔子曰:"益者三友,损者三友。友直,友谅,友多闻,益矣。友便辟,友善柔,友便佞,损矣。"(16.4)

清代李颙《四书反身录》里说:"友直、谅、多闻,则时时得闻己过,闻所未闻,长善救失,开阔心胸,德业学问日进于高明。若与便辟柔佞之人处,则依阿逢迎,善莫予责,自足自满,长傲遂非,德业学问日堕于匪鄙。"

三、处世之智

子不语怪、力、乱、神。(7.21)

反过来理解,子所语乃"常""德""治""人"。

季路问事鬼神。子曰:"未能事人,焉能事鬼?"
曰:"敢问死。"曰:"未知生,焉知死?"(11.12)

樊迟问知。子曰:"务民之义,敬鬼神而远之,可谓知矣。"
问仁。曰:"仁者先难而后获,可谓仁矣。"(6.22)

子曰:"不患人之不己知,患不知人也。"(1.16)

子曰:"不患无位,患所以立。不患莫己知,求为可知也。"(4.14)

子曰:"不患人之不己知,患其不能也。"(14.30)

子曰:"君子病无能焉,不病人之不己知也。"(15.19)

子夏为莒父宰,问政。子曰:"无欲速,无见小利。欲速,则不达;见小利,则大事不成。"(13.17)

人都爱求又快又好,但快与好常常不可兼得。放慢脚步,放眼长远,这种智慧古今皆宜。

子曰:"人无远虑,必有近忧。"(15.12)

子曰:"巧言乱德。小不忍,则乱大谋。"(15.27)

子夏之门人问交于子张。子张曰:"子夏云何?"

对曰:"子夏曰,'可者与之,其不可者拒之'。"

子张曰:"异乎吾所闻,君子尊贤而容众,嘉善而矜不能。我之大贤与,于人何所不容?我之不贤与,人将拒我,如之何其拒人也?"(19.3)

子曰:"法语之言,能无从乎? 改之为贵。巽与之言,能无说乎? 绎之为贵。说而不绎,从而不改,吾未如之何也已矣。"(9.24)

逆耳忠言,要听得进,改得彻;顺耳甜言,要辨得清,抵得住。

哀公问社于宰我。宰我对曰:"夏后氏以松,殷人以柏,周人以栗,曰,使民战栗。"子闻之,曰:"成事不说,遂事不谏,既往不咎。"(3.21)

子曰:"参乎! 吾道一以贯之。"曾子曰:"唯。"

子出,门人问曰:"何谓也?"曾子曰:"夫子之道,忠恕而已矣。"(4.15)

子曰："伯夷、叔齐不念旧恶,怨是用希。"(5.23)

互乡难与言,童子见,门人惑。子曰："与其进也,不与其退也,唯何甚? 人洁己以进,与其洁也,不保其往也。"(7.29)

人非圣贤,孰能无过? 过而改之,善莫大焉。

子曰："躬自厚而薄责于人,则远怨矣。"(15.15)

子曰："不在其位,不谋其政。"(8.14)

子曰："不在其位,不谋其政。"
曾子曰："君子思不出其位。"(14.26)

子曰："吾未见刚者。"或对曰："申枨。"子曰："枨也欲,焉得刚?"(5.11)

成语"无欲则刚"出于此。纪晓岚先师陈伯崖的书房有副楹联深得此章之致:"事能知足心常泰,人到无求品自高。"

子贡问曰："有一言而可以终身行之者乎?"子曰："其恕乎! 己所不欲,勿施于人。"(15.24)

子曰："放于利而行,多怨。"(4.12)

或曰："以德报怨,何如?"子曰："何以报德? 以直报怨,以德报德。"(14.34)

"以德报怨"的主张出自《道德经》:"为无为,事无事,味无味。大小多少,报怨以德。"老子主张以德化怨,调和矛盾,孔子不认可这种思想。

> 子曰:"君子和而不同,小人同而不和。"(13.23)

> 子曰:"君子矜而不争,群而不党。"(15.22)

> 子曰:"君子不以言举人,不以人废言。"(15.23)

"以言举人"则有察人不全而贸然举荐之失;"以人废言"则有因一短而弃众长之过,亦有逻辑学上所谓"诉诸人身"的逻辑谬误。

> 子曰:"当仁,不让于师。"(15.36)

> 子曰:"道不同,不相为谋。"(15.40)

> 子曰:"邦有道,危言危行;邦无道,危行言孙。"(14.3)

> 子路问曰:"何如斯可谓之士矣?"子曰:"切切偲偲,怡怡如也,可谓士矣。朋友切切偲偲,兄弟怡怡。"(13.28)

> 子曰:"可与言而不与之言,失人;不可与言而与之言,失言。知者不失人,亦不失言。"(15.8)

> 子曰:"道听而途说,德之弃也。"(17.14)

子张学干禄。子曰:"多闻阙疑,慎言其余,则寡尤;多见阙殆,慎行其余,则寡悔。言寡尤,行寡悔,禄在其中矣。"(2.18)

《周易·系辞下》有言:"吉人之辞寡,躁人之辞多。"博学而慎言,方能降低祸从口出的概率。

孔子曰:"侍于君子有三愆,言未及之而言谓之躁,言及之而不言谓之隐,未见颜色而言谓之瞽。"(16.6)

子曰:"不逆诈,不亿不信,抑亦先觉者,是贤乎!"(14.31)

以《菜根谭》之语注此章甚为恰当——"害人之心不可有,防人之心不可无,此戒疏于虑也;宁受人之欺,勿逆人之诈,此警惕于察也。二语并存,精明而浑厚矣。"

子曰:"攻乎异端,斯害也已。"(2.16)

子曰:"由!诲女知之乎!知之为知之,不知为不知,是知也。"(2.17)

子绝四——毋意,毋必,毋固,毋我。(9.4)

子张问明。子曰:"浸润之谮,肤受之愬,不行焉,可谓明也已矣。浸润之谮,肤受之愬,不行焉,可谓远也已矣。"(12.6)

子曰："过而不改,是谓过矣。"(15.30)

子曰："唯上知与下愚不移。"(17.3)

"上知"乃"生而知之者",是天才;"下愚"乃生而愚笨者或"困而不学"(16.9)者。此章之意有二:从个人修养的角度来说,世人多非"上知"亦非"下愚",因此都可以而且应该努力使自己变得更好;从与人交往的角度来说,不要试图改变"上知"与"下愚"者,因为终将徒劳无功。

子贡曰:"纣之不善,不如是之甚也。是以君子恶居下流,天下之恶皆归焉。"(19.20)

子华使于齐,冉子为其母请粟。子曰:"与之釜。"
请益。曰:"与之庾。"
冉子与之粟五秉。
子曰:"赤之适齐也,乘肥马,衣轻裘。吾闻之也,君子周急不继富。"(6.4)

方法篇

熟读精思,钩玄提要

第一讲

化零为整，探赜钩深

第一课

《论语》的读法：纵横交织，读思并进

《论语》有真趣，有真情，有真理，是开卷有益的好书。既知其益，如何开得此卷，读之有法，闭之有获呢？

一、化零为整，建构体系

《论语》之"语"指语言，主要包括以下内容：一是孔子向弟子传道授业解惑之语，二是孔子与时人（诸侯、卿大夫、隐士等）的沟通交流，三是单纯记录孔子言行，四是部分弟子的言行。

《论语》之"论"表示论纂。《论语》一书并非由孔子本人论纂，而是在他去世后由其弟子及再传弟子论纂而成。通俗地讲，我们可以把《论语》看作是孔门弟子的"听课笔记"，又或者是诸弟子在恩师去世之后集合各自"听课笔记"而形成的"恩师纪念册"。

思想内容多元，编纂人员分散，这使《论语》不像一般书籍一样有着一望而知、清晰明了的严格的结构体例，很容易让人产生"不成体系"甚至"乱七八糟"的阅读体验。李零在《去圣乃得真孔子》一书中所说的"孔子思想有它内在的系统，但《论语》一书没系统"，想必很多人都深有同感。没有系统，我们就要理出系统，具体做法主要有两种。

一种方法是按照原书顺序，找到原书篇与篇之间、章与章

之间的内在逻辑，南怀瑾的《论语别裁》一书就是按照这一思路来讲的。

另一种读法是打乱原书顺序，先对全书进行解构，再按一定逻辑进行重组。这一派最有代表性的是李零，他说："读《论语》，有两种读法，一是纵读法，二是横读法。先纵读，再横读，都是拆开来读。"所谓纵读，就是"按人物读，按人物的年代读"，分析人物；所谓横读，就是"按主题摘录的方式读"，探究思想。本书即以此为纲。

除本书外，大家在纵读人物时还可参阅钱穆《孔子传》、石毓智《非常师生：孔子和他的弟子们》、傅佩荣《孔门十弟子》、鲍鹏山《孔子传》《孔子是怎样炼成的》、黄厚江《论语读人》等书，在横读思想时还可参阅杨玉英《〈论语〉分主题读本》、朱平凡《论语类纂导读注译全本》等书。当然，通读《论语》亦有一些好的书目可供参考，基础版（仅有译注）如杨伯峻《论语译注》、徐志刚《论语通译》，进阶版（有译注及解析）如钱穆《论语新解》、李泽厚《论语今读》、傅佩荣《细说论语》、李零《丧家狗：我读〈论语〉》等书。

二、读思并进，读写融合

阅读《论语》，读懂文言是首要的一关。不少同学怕读文言文，于是选择了先看翻译再读原文的策略，认为这样可以加快阅读速度，可这样读的结果是读得快忘得也快。为什么会这样呢？因为自主阅读中必然伴随的独立思考这一环节被省去了，而这一环节又是阅读《论语》时至关重要甚至必不可少的。

清末学者戴震曾提出"由字以通其词，由词以通其道"的读书理念。阅读一切书籍，不依赖任何参考资料的"素读"都是极为重要的，它可以让我们对书籍有自己独立的思考，而不是让他人的观点先入为主地占据我们的头脑，让我们的大脑成为别人思想的跑马场。对于《论语》这样一部本身就有多元解读的著作，"素读"就显得更为重要。它不仅可以让我们有清醒独立的认识，而且可以在对照己见与他见、异见的过程中，对章句有更多元、更深刻的理解，获得更多教益。本书的阅读材料中没有提供原文的注释与译文，就是希望大家能在"素读"中深思细品，读出己见。

那么，如何在"素读"中求得最佳阅读效果呢？答案是：口头有所读，心头有所思，笔头有所记。

口头有所读，即出声朗读。清人姚鼐《惜抱轩尺牍》有言："大抵学古文者，必要放声疾读，又缓读，只久之自悟。若但能默看，即终身作外行也。"他还说："深读久为，自有悟入。"对于《论语》这样的文言文，要想真正读懂它、理解它，一个很好的办法就是把它读出声来，正确地读，反复地读。在这个过程中，借助注释与工具书，即使还有些地方不甚了了，其实也已收获多多。

心头有所思，笔头有所记，这二者常常要同步进行。

第一，我们要思考并批注字意、词意、句意，记录并整理自己阅读过程中产生的问题。"素读"时我们要尽可能自主完成句意疏通的工作，实在不会的可以借助工具书和相关书籍完成句意理解，不过要记得在字里行间适时圈点批注。读完一遍再回看时，如果不依赖参考书而只参考自己批注的内容便能迅速读懂原文，便顺利地闯过了"言"关。

第二，我们要思考如何用最精练的语言概括章句内容，并书之其侧。我们不妨学学苏东坡手抄《汉书》的智慧。他抄录《汉书》，并非字字抄录，而是"初则一段事，抄三字为题，次则两

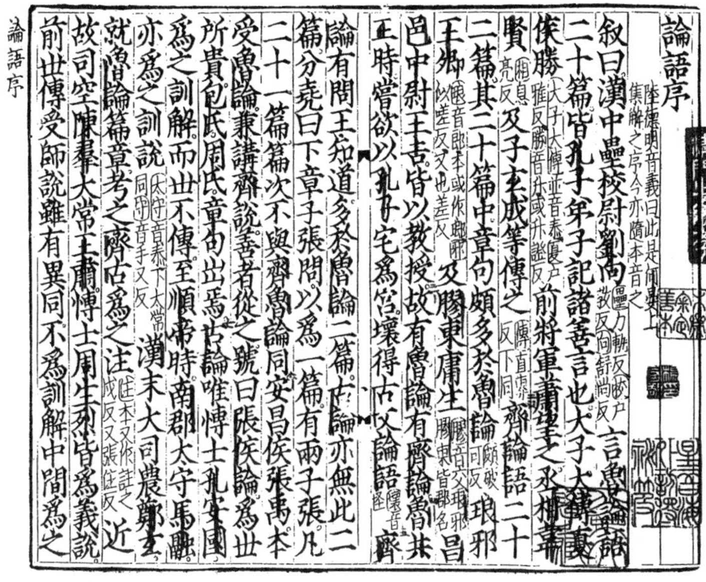
論語序
陸德明音義曰此是何晏上集解之序今亦隨本音之
叙曰漢中壘校尉劉向言魯論語二十篇皆孔子弟子記諸善言也太子太傅夏侯勝前將軍蕭望之丞相韋賢及子玄成等傳之齊論語二十二篇其二十篇中章句頗多於魯論琅邪王卿及膠東庸生昌邑中尉王吉皆以教授故有魯論有齊論魯共王時嘗欲以孔子宅爲宫壞得古文論語齊論有問王知道多於魯論二篇古論亦無此二篇分堯曰下章子張問以爲一篇有兩子張凡二十一篇篇次不與齊魯論同安昌侯張禹本受魯論兼講齊說善者從之號曰張侯論爲世所貴包氏周氏章句出焉古論唯博士孔安國爲之訓解而世不傳至順帝時南郡太守馬融亦爲之訓說漢末大司農鄭玄就魯論篇章考之齊古爲之注近故司空陳羣太常王肅博士周生烈皆爲義說前世傳受師說雖有異同不爲訓解中間爲之

◉ 图3-1　宋刘氏天香书院刻本《监本纂图重言重意互注论语》

字,今则一字"。我们读《论语》,可以在读完每章后以章句内二三字为关键词来概括其内容,也可以用自己的语言来概括、批注。李零《丧家狗:我读〈论语〉》、余东海《论语点睛》二书,作者就是用这样的方式来读《论语》、讲《论语》的。

第三,我们要抱着不尽信、不尽疑的心态,以笔为媒,与先贤对话。我们读《论语》,一方面要本着尽信书不如无书的理念,在阅读过程中多想一想"是不是""对不对",要看到《论语》中除了有"恒久之至道",确实也有局限与缺点。另一方面,也不必抱着质疑甚至挑战的心态来读,非要抓出孔子哪句话说错了,因为从心理学上说,如果以先入为主的质疑心态去读,可能许多有营养、有价值的内容就被忽略了。在这个过程中,每当心有所思,我们就可以笔有所记,既可以零星地随文批注自己对于章句的理解与阐发、质疑与批判,也可以用完整的段落乃至篇章来书写自己对某则章句或某个问题的看法。

三、不断发问,不懈探究

读《论语》,要有多问几个"是什么""为什么"的自觉意识。《论语》中有不少句子,看似没有来由,实则语出有因。如果我们读到某则章句时心存疑虑,一定记得做个标记,或者干脆在读书笔记上把所有问题都汇集起来,因为也许读着读着我们就能从《论语》其他章句或者《孔子家语》《史记·孔子世家》《史记·仲尼弟子列传》等文本中找到相关章句的言说情境,比如《论语·卫灵公篇》的这段文字:

> 子曰:"赐也,女以予为多学而识之者与?"对曰:"然,非与?"曰:"非也,予一以贯之。"(15.3)

面对这段文字,我们就得思考:孔子"一以贯之"的是什么?子贡能言善问,为什么没接着问下去?而这两个问题其实可以在《论语·里仁篇》《论语·卫灵公篇》和《史记·孔子世家》中寻得蛛丝马迹——

子曰:"参乎!吾道一以贯之。"曾子曰:"唯。"

子出,门人问曰:"何谓也?"曾子曰:"夫子之道,忠恕而已矣。"(4.15)

在陈绝粮,从者病,莫能兴。子路愠见曰:"君子亦有穷乎?"子曰:"君子固穷,小人穷斯滥矣。"(15.2)

孔子迁于蔡三岁,吴伐陈。楚救陈,军于城父。闻孔子在陈、蔡之间,楚使人聘孔子。孔子将往拜礼。陈、蔡大夫谋曰:"孔子贤者,所刺讥皆中诸侯之疾。今者久留陈、蔡之间,诸大夫所设行,皆非仲尼之意。今楚,大国也,来聘孔子。孔子用于楚,则陈、蔡用事大夫危矣!"于是乃相与发徒役围孔子于野。不得行,绝粮。从者病,莫能兴。孔子讲诵弦歌不衰。子路愠见曰:"君子亦有穷乎?"孔子曰:"君子固穷,小人穷斯滥矣。"

子贡色作。孔子曰:"赐,尔以予为多学而识之者与?"曰:"然。非与?"孔子曰:"非也。予一以贯之。"

(《史记·孔子世家》)

由以上引文可知,孔子"一以贯之"的是其忠恕之道。善问的子贡当时没有继续请教老师是因为,处在生死危机之下,子贡无暇顾及。

李零说:"读《论语》就像读侦探小说一样,处处可以吸引人。"像"一以贯之"这个例子一样因疑而探、探而有趣的章句还有很多,大家不妨多多留意。

国学大师钱穆说:"若使中国人,只要有读中学的程度,每人到六十岁,都读过《论语》四十遍到一百遍,那都成圣人之徒,那时的社会也会彻底变样子。因此,我认为,今天的中国读书人,应负两大责任。一是自己读《论语》,一是劝人读《论语》。"衷心期待此书读者成为"自己读《论语》"并能"劝人读《论语》"甚至"教人读《论语》"的人。

四、思考题

如果用一句话来概括你读《论语》的收获,你会怎么说呢?

图书在版编目（CIP）数据

课读经典. 9，7 讲导读《论语》/何郁主编.—上海：复旦大学出版社，2023.5
ISBN 978-7-309-16511-1

Ⅰ.①课… Ⅱ.①何… Ⅲ.①阅读课-中学-教学参考资料 Ⅳ.①G634.333

中国版本图书馆 CIP 数据核字（2022）第 193850 号

课读经典 9：7 讲导读《论语》
KEDU JINGDIAN 9：7 JIANG DAODU LUNYU
何 郁 主编
责任编辑/李又顺 高 原

复旦大学出版社有限公司出版发行
上海市国权路 579 号 邮编：200433
网址：fupnet@ fudanpress.com http：//www.fudanpress.com
门市零售：86-21-65102580 团体订购：86-21-65104505
出版部电话：86-21-65642845
上海丽佳制版印刷有限公司

开本 889×1194 1/32 印张 9.875 字数 221 千
2023 年 5 月第 1 版
2023 年 5 月第 1 版第 1 次印刷

ISBN 978-7-309-16511-1/G·2431
定价：44.00 元